학교,
이렇게 바꾼다

학교교육 재설계 프로세스

학교,
이렇게 바꾼다

Leading Modern Learning
A Blueprint for Vision-Driven Schools

학교교육 재설계 프로세스

제이 맥타이 · 그레그 커티스 지음 | 강현석 · 조인숙 옮김

 교육을바꾸는사람들

· 차례 ·

부록

서문

|

용 자오(Yong Zhao)

21세기는 한때 머나먼 미래였다. 따라서 '21세기'라는 말은 결국에는 존재하게 될지도 모를 희망과 두려움을 불러일으킴으로써 상품, 아이디어, 정책을 마케팅하기 위한 대중적 문구였다. 결과적으로 21세기 교육은 대담한 실천을 추동하는 비전이 되었다. 그 실천이란 과거로부터의 안전한 이별을 확실하게 하고 미래의 성공을 보증하는 것이다.

　이제 21세기가 도래했다. 한때 먼 미래였던 것이 우리의 현실이 되었다. 21세기 교육은 단지 시간적 기준으로서의 '21세기'라는 과학적 의미를 초월한 다양한 정의를 얻었지만, 21세기 교육에 대한 대화는 더 이상 미래의 것일 수도, 대담한 주장이 이끌어갈 수도, 비현실적인 상상일 수도, 두려움을 불러일으키는 레토릭일 수도 없다. 왜 우리에게 21세기 교육이 필요한지 또는 왜 우리가 21세기 교육을 필요로 하지 않는지 논쟁하는 것은 더 이상 의미가 없으며, 21세기 교육이 20세기, 19세기 또는 15세기의 교육과 어떻게 다른지에 대한 논의를 계속하는 것도 생산적이지 않다.

21세기라는 현실의 도전에 대처하고 이를 활용하는 미래교육을 제공해야 할 때이다. 그러나 이것은 쉬운 일이 아니다. 왜냐하면 우리는 21세기에 살고 있지만, 교육기관은 19세기 또는 20세기에 시작되었기 때문이다. 그것은 과거의 도전에 대처하기 위해 지어졌고, 예전에 있던 자원으로 만들어졌다. 그리고 일단 지어지자, 우리는 그것을 완벽하게 하는 데 지난 세기를 다 보냈다. 윈스턴 처칠(Winston Churchill)이 "우리가 건축물을 만들지만, 그 후에는 그것이 우리를 만든다"라고 말했듯이, 교육에 대한 우리의 사고관점도 이미 만들어진 제도에 의해 형성된 것이다.

이러한 과거의 사고관점이 21세기까지 우리를 따라왔다. 그것은 우리의 교육관을 형성하고 우리의 행동을 규정하는 집요한 힘으로 계속 작용하고 있다. 본질적으로, 우리는 과거에 갇힌 죄수들이다. 현대식 교육기관을 만들기 위해서는 우선 과거로부터 벗어나야 한다. 우리는 교육을 참신한 시각, 새로운 사고관점으로 바라봐야 한다. 이러한 새로운 사고관점은 오늘의 현실, 어제의 교훈, 그리고 내일의 가능성에 기초해야 한다. 새로운 교육은 인간에 대한 가장 최근의 발견—왜 배우는지, 어떻게 배우는지, 어디서 배우는지—으로 시작해야 한다. 그것은 오늘날 우리가 가진 자원, 세계적으로 연결된 사회에서 활용될 수 있는 모든 학습기회를 고려해야 한다. 또한 새로운 결과, 즉 21세기에 대처할 수 있을 뿐 아니라 모두를 위해 더 나은 미래를 만들 수 있는 사람들도 고려해야 한다.

하지만 우리는 스위치를 획 돌리는 식으로 우리의 사고관점을 즉시 바꿀 수는 없다. 변화하는 데에는 시간이 걸린다. 그러나 새로운 사고관점을 갖게 되기만을 기다리며 그저 시간을 보내는 것 또한 효과가 없다. 우리는 실제 행동에 참여해야 한다. 그렇다고 해서 마구잡이로 또는 산발적으로 행동해서는 안 된다. 이것은 잘 조직되고, 세심하게 설계되고, 신중하게 계획되어야 한다. 또한 교육계의 모든 구성원이 이것을 이해하고 수행할 필요가 있다. 이것이 실제로 일어나려면, 청사진이 필요하다. 이는 마치 건축가들이 건축물을 짓는 데 참고할 수 있도록 만드는 청사진과도 같다.

이것이 바로 이 책의 저자인 제이 맥타이(Jay McTighe)와 그레그 커티스(Greg Curtis)가 제공하는 것, 즉 교육혁신을 위한 청사진이다. 저자들은 21세기 학습을 위한 교육을 재설계하기 위해 학교가 따라 할 수 있는 설계 프로세스를 제시한다. 이 프로세스는 학교가 전략적인 움직임에 참여하도록 안내함으로써 궁극적으로는 21세기에 요구되는 새로운 유형의 교육으로 이끌어준다. 비전에서 미션으로, 그리고 미션에서 구체적 실천에 이르기까지, 저자들은 풍부한 증거, 입증된 전략, 실용적인 도구들로 학교를 재설계하는 체계적인 프로세스를 제시한다.

물론, 이 책은 내가 본 책 중 교육 재설계에 실용적인 지침을 제공한다고 주장하는 첫 번째 책이 아니다. 나는 교육에 관한 수많은 '청사진'을 보았지만 모든 것이 다 같지는 않다. 일부는 좋을 수도 있고 나쁠 수도 있다. 이것이 좋은 청사진이라고 생각하는 이유는 광범위한 실제 전략과 행동 그 이상의 것이기 때문이다. 제안된 전략과 행동 이면에는 탄탄한 연구 기반이 있고, 이러한 전략과 행동이 달성해줄 야심찬 목표가 있다. 그러나 가장 중요한 것은, 저자들이 멀고 추상적이고 웅대한 야망과, 현재의 즉각적이고 작은 단계 사이에 다리를 놓고 있다는 점이다. 그들은 완전히 새로운 교육의 설계라는 어려운 과업을 달성 가능한 것으로 만들고 있다. 이것이 나에게, 그리고 더 나은 교육을 갈망하는 모두에게 신뢰를 준다.

청사진은 지나치게 규범적이 되거나 획일적인 관점을 강요할 위험이 있다. 우리가 잘 알고 있듯이, 21세기의 교육을 구성하는 것—성과, 프로세스, 제도적 구조, 학생들의 경험, 교수법—에 대한 사람들의 견해에 큰 차이가 있는 것만큼이나 교육제도에도 커다란 차이가 있다. 예컨대 나는 저자들의 의견에 동의하지만, 학교를 글로벌 캠퍼스로 바꾸는 것뿐 아니라 학생들의 자율성과 개인화 영역에서 훨씬 더 강하게 밀어붙여야 한다고 생각한다. 저자들은 이러한 이슈를 능숙하게 다룬다. 21세기를 위한 교육과정 청사진, 평가체계, 교수법상 접근법에 대한 자신만의 버전이 있지만, 그들은 그것을 강요하지 않는다. 나는 그것을 처방전이 아니라 예시로 여긴다. 그들이 제안하는 프로세스는 각각의 학교가 그들만의 비전과 미션을 개발할 수 있도록 돕는 것에 관한 것이다. 그것은 스스로 전략과 행동을 수행하는 학교들에 관한 것이다.

성공이 어떻게 규정되든, 교육은 학생들이 미래에 성공적으로 살도록 준비시킬 책임이 있다는 면에서 미래 비즈니스 영역에 있다. 그러나 그들이 미래에 대처하도록 대비시키거나 단순히 미래가 도래하기만을 기다려서는 안 된다. 학생들이 미래를 주도적으로 창조할 수 있도록 준비시켜야 한다. 미래창조자를 육성하기 위해서는 미래지향적인 교육기관이 필요하며, 이는 과거와 현재의 기관과는 확연히 달라야 한다. 미래지향적인 교육기관을 만들기 위해서는 프로세스, 계획, 그리고 도구세트가 필요하다. 이 책은 그러한 청사진을 제공하며 그 점에서 탁월하다.

도입

교육 분야와 그 밖의 분야에서, 많은 연구자와 저자는 오늘날의 학생들이 미래에 직면할 도전과 기회에 대비하도록 교육변화를 주장했다. 실제로, 21세기 학교에 대한 언론의 보도는 여러 가지 이름 아래 수년간 무성했다. 우리는 그 주장을 되풀이하지 않을 것이며, 그 정당성을 입증하려고 노력하지도 않을 것이다. 오히려 우리는 앞으로 다가올 미래에 우리 학생, 우리나라, 그리고 이 지구의 필요를 충족시키기 위해 교육이 중대한 개혁을 떠맡아야 한다는 단순한 전제에서 시작한다. 만약 당신이 이 기본 전제에 동의하지 않는다면, 이 책이 당신에게 도움이 될지 미심쩍다. 하지만 세상이 변하고 있고 교육기관이 그 미래를 인정하고 다뤄야 한다는 것에 동의한다면, 이 책을 계속 읽기 바란다.

사실, '21세기 학습'이라는 용어는 그 자체가 진부한 것이 되어버렸다. 그리고 많은 진부한 표현과 마찬가지로, 그것은 이따금 "이미

겪어봐서 다 안다"는 식으로 묵살되고, 그렇게 됨으로써 변화의 주체로서 그 원래의 잠재력을 일부 잃게 될 수도 있다. 우리는 '21세기 학습'과 '미래학습(modern learning)'이라는 용어를 서로 바꿔가며 사용한다. 이는 우리가 교육 트렌드를 실행하는 것에 대해 쓸 뿐만 아니라, 교육이 여전히 의미가 있고 학습이 필수적이며 학습을 미래와 연관짓는 방법을 약술한다는 사실을 강조하기 위함이다.

이 책은 가장 중요한 질문을 고찰한다. 즉, 요구되는 교육변화를 어떻게 하면 체계적이고 지속적인 방식으로 결정하고 시행할 수 있을까? 우리는 프로세스에 초점을 두고 기여하고자 한다. 당신의 교육환경이 학구든 학교든 또는 단일 부서든 실용적이고 검증된 접근법으로 재설계할 수 있는 청사진을 제공한다. 우리가 제안하는 방법들은 모두 다양한 맥락에서 사용되어왔다. 당신이 이에 대해 들어본 적이 있거나 심지어 일부 방법은 사용했을 수도 있지만, 이 접근법들만으로는 실질적인 변화로 이어질 가능성이 거의 없다는 것이 우리의 생각이다. 각각의 접근법이 가치를 더할 수는 있지만, 변화를 일으키는 힘은 접근법 전체로서 실현될 것이다.

이 책에 대하여

이 책은 7개의 장으로 구성되었고 각 장은 길잡이 질문으로 시작된다. 처음 3개의 장에서는 비전에서 미션으로, 미션에서 실행으로 옮겨가는 방법, 그리고 우리가 책 전반에 걸쳐 사용하는 두 가지 프레임워크(framework)를 소개한다. 하나는 '투입(Input)-산출(Output)-교육효과(Impact)라는 IOI이고, 나머지 하나는 '백워드 설계(backward design)'이다. 그다음 4개의 장에서는 종합적인 교육시스템의 핵심 요소 4가지, 즉 교육과정(curriculum), 평가(assessment), 수업지도(instruction), 성적통지(reporting)에 대해 고찰한다.

전체적으로 각 장이 논리적으로 배열되어 있기 때문에 이 책은 연계된 일련의 단계를 설명한다고 볼 수 있다. 독자마다 자신의 관심사와 가장 직접적으로 관련 있는 특정 장에 집중하고 싶을 수도 있겠지만, 앞부분(제1장~제3장)에 요약된 전제는 나머지 부분(제4장~제7장)에서 논의되는 모든 구성 요소와의 연계에 핵심적이므로, 순서대로 읽는 것이 좋다. 사실, 이 책의 목표 중 하나는 학교 변화 및 개선에 대한 시스템적 접근을 장려하는 것이다.

우리는 서로 다른 팀 구성원들의 업무가 더 잘 연계되고 상호 지원될 수 있도록 이 책을 학구와 학교의 여러 팀이 함께 읽을 것을 권고한다. 각 장은 독자의 주의를 끌고, 사고와 토론을 자극하기 위한 길잡이 질문으로 시작된다. 다음은 각 장의 간략한 개요이다.

제1장: 비전 설정의 힘

미래학습에 적합한 대담하고 강력한 비전을 어떻게 개발할까?

미래를 예측할 수는 없지만 다양한 트렌드와 변화의 동인을 조사할 수는 있으며, 이는 정보에 근거해서 우리가 선호하는 미래의 비전을 설정할 수 있게 해준다. 이 장에서는 미래학습에 대한 명확하고 강력한 비전을 수립하는 데 학교 공동체를 참여시키기 위한 확실한 전략과 실질적인 프로토콜(protocol, 실행계획안)을 설명한다.

제2장: 비전에서 미션으로

미래학습에 대한 비전을 어떻게 실행 가능한 미션으로 구체화할까?

교육 미션은 교육기관의 가치를 선언하고, 학생의 성취라는 관점에서 구체적으로 무엇을 달성하고자 하는지를 명시한다. 이 장에서는 미래지향적인 교육 미션의 특성을 설명하고, 우리가 수단과 목표를 구별하고 늘 목표를 염두에 두게 해주는 투입(Input)-산출(Output)-교육효과(Impact), 일명 'IOI 프레임워크'를 소개한다.

제3장: 미션에서 실행으로

바라는 결과에서 목적 지향의 실행으로, 즉 백워드로 협력해서 계획을 세우는 방법은 무엇일까?

수많은 강력한 비전과 미션이 실패로 끝나는 것은, 훌륭한 의도를 목적이 분명한 실행으로 이행할 수 없는 무능력 때문이다. 『백워드로 시작하는 창의적인 학교교육과정 설계(Schooling by Design)』 (Wiggins & McTighe, 2007)라는 아이디어는, 여러분이 속한 교육기관이 선호하는 미래의 비전에서부터 그것을 실현하기 위한 일련의 실행까지를 백워드로 기획하기 위한 체계적 프레임워크를 제공한다.

이 장에서는 전략적 행동을 안내해줄 템플릿과 함께 3단계의 백워드 설계(backward design) 프로세스를 제시한다.

제4장: 미래학습을 위한 교육과정
21세기 교육과정의 기본 요소는 무엇이며 어떻게 개발할까?

미션을 달성하는 데 중요한 요소는 교육과정 청사진의 개발이다. 우리가 제안하는 교육과정은 개념적 이해와 전이능력의 개발을 강조하는데, 이는 21세기 학교교육이 추구하는 핵심 성과이다.

제5장: 미래학습을 위한 평가시스템
교과 및 초교과 영역에서의 학업성취를 어떻게 평가할까?

너무나 자주, 21세기 역량은 기존의 교과내용 위주의 평가 틈새로 빠져나가버린다. 실제로 학교개혁의 노력에서 가장 빈번하게 누락되는 요소 중 하나는, 교과내용 습득뿐만 아니라 미래학습의 증거를 포착하는 풍부하고도 종합적인 평가시스템이다. 이 장에서는 가치 있다고 주장하는 '모든 것'이 적절하게 평가되도록, 21세기 교육효과를 수행평가에 접목하기 위한 프로세스를 제시한다.

제6장: 미래학습을 위한 수업
교수 실천·자료·도구를 미래학습의 목표와 어떻게 연계시킬까?

가르치는 것은 목표를 위한 수단이다. 명료성은 미션으로부터 최종 목표에 도달하기 위해 필요한 학습경험의 본질과 실천에 영향을 미친다. 제6장에서는 교수전략과 학습자원의 선정에 도움이 될, 확립된 학습원리의 가치를 탐색한다. 그리고 지식 습득(Acquisition), 의미 만들기(Meaning Making), 전이(Transfer)라는 AMT 프레임워크를 설명한다.

제7장: 미래학습을 위한 통지시스템
21세기 학습에 대한 학생의 성취와 성장을 어떻게 전달할까?

전통적인 채점 관행과 통지표는 21세기 학습의 결과를 통지하는 데 적합하지 않다. 이 장에서는 학생들의 성장과 미래학습을 위한 미션 달성을 더 잘 전달하는 디지털 러닝보드(LearningBoard) 플랫폼과 대안적 채점시스템에 대해 탐색한다.

이 책에서 우리는 실제적인 방법을 통해 의미 있는 개혁을 지지하고자 하며, 여기에 설명된 전략과 도구는 다양한 학교 환경과 맥락에서 실현 가능하고 확장 가능한 것임을 확신한다. 우리는 이러한 단계들이 크고 작은 여러 맥락에서 적용될 수 있다고 믿는다. 하나하나로는 21세기 비전을 위해 달성 가능한 각각의 실행단계들이며, 전체로는 이것들이 결국 여러분의 비전을 현실로 만들어줄 것이다.

제1장

비전
설정의 힘

미래학습에 적합한 대담하고 강력한
비전을 어떻게 개발할까?

학구(學區)나 학교가 학생들을 위해 장차 이루고자 하는 모습, 즉 분명하고 강력하면서도 공유된 비전은 학교를 새롭게 활성화하기 위한 모든 계획과 연계되어야 한다. 그런데 '비전(vision)'이라는 단어는 다양한 의미로 해석될 수 있다. 교육자들은 이 용어를 단순한 일회성 아이디어를 나타내는 말부터 전적으로 새로운 현실을 담은 신비로운 영감을 나타내는 말까지 다양한 의미로 사용한다. 이 책에서 의미하는 비전은 이 둘 사이에 있다. 여기서 말하는 비전은 단순한 선언이 아니라 안내하고 이끌어주는 프로세스이다. '비전 세우기(visioning)'는 초점을 명확히 하고, 폭넓고 유의미한 변화를 이루는 데 필요한 헌신을 끌어내기 위한 첫 번째 단계이다.

그런데 모든 비전이 다 미래를 지향하는 것은 아니지 않은가? 한마디로 답하자면, 그렇다. 모든 비전이 미래를 지향하는 것은 아니다. '도입'에서 언급했듯이, 심층적이고도 지속가능한 교육개혁을 방해하는 것은 새로운 학습환경이 직면하게 될 미래를 내다보지 못하는 우리의 무능력이다. 학교의 비전과 그것을 실현하기 위한 전략들은 미래를 창조하기보다는 현재를 고치는 데 초점이 맞춰진 경우가 많다. 만일 우리가 열망하는 비전이 미래에 대한 탐구를 통해 얻은 지식에서 비롯된 것이 아니라면, 우리가 가르치는 학생들은 여전히 과거에 뿌리를 둔 교육에 갇히고 말 것이다.

진실로 미래지향적인 비전이라면 우리를 미래로 곧바로 이끌 것이다. 학교에서 실질적인 변화가 일어나기 위해서는 우리가 현재를 훌쩍 뛰어넘어 곧장 미래로 달려갈 필요가 있다. 중국이 원시적인 통신 인프라를 뛰어넘어 휴대전화로 직행한 것을 생각해보라. 만일 중국이 전통적인 전화선을 구축하는 재래의 방식을 착실하게 따랐다면, 이와 같은 변화에 수십 년이 걸렸을 것이다. 이제 학교도 망설이며 까치발로 조심스레 나아가기보다는 의미 있는 도약을 고려할 때가 되었다.

미래에 대한 두려움 극복하기

미래를 품고자 한다면 용기가 필요하다. 미국 전 대통령 로널드 레이건(Ronald Reagan)은 "미래는 나약한 자의 것이 아니라 용감한 자의 것이다"라고 했다(Milton, 2005, p. 85). 사실 많은 사람이 미지의 세계를 두려워하고, 또 미래는 본래 알 수 없다. 미래에 대한 두려움은 다음과 같은 충동, 즉 과거의 편안함으로 되돌아가고자 하는 열망, 현재에서 꼼짝도 하지 않으려는 성향, 어떤 변화에도 저항하려는 의지를 유발할 수 있다. 인간의 뇌는 두려움과 스트레스에 대항해 싸우거나 회피하거나 얼어붙는 반응(fight-flight-or-freeze response)을 하도록 설계되어 있다. 그러나 우리는 용감하게 미래를 마주해야 한다. 현 상황을 유지하려고 고집스럽게 저항하거나 과거로 되돌아간다면 학생들이 받아 마땅한 시의적 교육을 구현할 수 없기 때문이다.

여기서 강조하고 싶은 것은 미래지향적인 비전을 세우는 일이 곧 미래를 예측하는 것은 아니라는 점이다. 미래를 예측하는 것은, 지금까지 늘 그래왔듯이 승산 없는 가정이다. 비록 확실하게 알 수 있는 단 하나의 미래는 없어도 시간이 경과함에 따라 드러나게 될 잠재적인 미래는 많다. 우리가 할 일은 교육과 학습에 영향을 미칠 변화의 다양한 동인(driver, 動因)을 탐색하는 것이다. 그래야 이 촉매들이 학교교육의 과정에 미칠 잠재적 영향들을 좀 더 잘 이해할 수 있으며 우리가 바라는 미래를 선택할 수 있다.

미래지향적 비전 만들기

미래지향적 비전을 만드는 일은 다양한 방식으로 이루어질 수 있다. 우리는 [도표 1. 1]과 같이 비교적 단순한 3단계 과정을 선호한다. 이 표는 비전의 밑그림을 설득력 있고 이해하기 쉽게 나타내고 있다.

[도표 1. 1] 미래지향적 비전을 만드는 과정

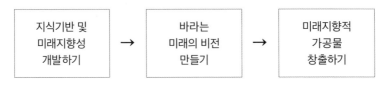

지식기반 및 미래지향성 개발하기

지식기반(knowledge base)은 효과적인 미래지향적 비전을 만들기 위해 꼭 필요한 출발점이다. 지식기반을 통해 교육공동체는, 미래는 물론 미래에 부합하는 교육에 관해 긍정적이고 지적인 대화에 참여할 수 있다. 기존의 인식, 단순한 일반화, 편견, 과거의 교육경험 등에 안주해서는 안 된다. 미래의 변화 트렌드와 그 동인에 대한 지식기반이 탄탄하면 앞으로의, 그리고 이미 드러나고 있는 미래의 여러 모습은 물론이고, 우리가 바라는 미래의 구체적인 모습을 전망하는 데 필요한 안목을 얻을 수 있다.

　다행스럽게도 우리는 운이 좋다. 미래에 관한, 특히 교수·학습의 미래에 관한 연구 및 기록이 많이 있으며 이 주제를 다룬 서적 또한 풍부하다. 또 미래지향적인 연구를 수행하는 기관이 많은데, 그들의 작업은 미래가 어떻게 전개되고 드러날지를 이해하는 데 큰 도움이 된다. 그 기관들은 이미 알고 있는 미래(차후 몇 년) 그 이상을 내다보며, 우리가 장기간의 개발에 참여하는 데 필요한 통찰력을 제공해준다. 그중 한 곳인 놀리지워크스(KnowledgeWorks)는 영향력이 큰 문서들을 개발한 것으로 잘 알려져 있으며, 그런 자료에는 「2006-2016 Map of Future Forces Affecting Education(2006~2016년의 교육에 영향을 미치는 미래의 힘 지도)」(2006), 「2020 Forecast: Creating the Future of Learning(2020년 전망: 학습의 미래 만들기)」(2008), 「KnowledgeWorks Forecast 3.0: Recombinant Education -Regenerating the Learning Ecosystem(놀리지워크스 전망 3.0: 재조합형 교육 -학습 생태계의 혁신)」(2012) 등이 있다. 놀리지워크스는 2000년 설립된 이후 교육에 영향을 미치는 변화 트렌드 및 동인과 관련해 주목할 만한 연구와 사상적 리더십에 기여했다. 이와 유사한 기관들을 '부록 A'(p. 203 참조)에서 볼 수 있다.

지식기반 및 미래지향성을 개발하면 공동체 구성원들이 미래에 초점을 둔 대화에 참여할 기회가 풍부해진다. 미래지향적 비전을 세우는 과정에서는 학교의 다양한 구성원들의 참여가 관건이고, 그들이 적절하고 폭넓게 참여하도록 계획을 짜는 것이 중요하다. 예컨대 '교사전문성 개발의 날'이나 학부모 저녁모임에 연사를 초빙할 수 있다. 교사들이 참여하는 스터디그룹이나 독서모임을 만들 수도 있다. 생각을 자극하고 미래지향적인 TED 특강들을 보여주는 것도 비전을 세우는 과정에 교직원과 학부모의 참여를 유도하는 효과적인 방법이다. 아울러 학생들을 반드시 참여시켜야 한다. 그들은 대개 미래에 대한 논의에서 목소리를 내고 싶어 하기 때문이다. 깊이 있고 풍부하고 협력적인 참여를 통해 우리는 공동체 구성원들의 '가슴과 머리'에 미래를 보는 힘을 불어넣을 수 있다.

그런데 주의할 점이 있다. 다음 단계로 나아가서 실제로 비전을 만들기 '전'에 지식의 기반을 구축하는 것이 중요하다. 지식기반이 없다면 우리가 이해하고 의도하는, 바라는 미래를 구상할 수 없다. 탄탄한 정보 없이 투입(input)을 서두르다 보면, 투입 요소들이 여기저기 흩어져 하나의 통합된 비전으로 나아갈 수 없으며, 결국 너무나 다양한 개인적 인식(지식을 바탕으로 하든 하지 않든), 잘못된 가정(assumption)과 오해에 근거한 주장들, 그리고 증거나 연구로 뒷받침되지 않는 모순된 관점들로 끝날 수 있다. 실질적인 지식이나 이해가 뒷받침되지 않는 가정과 개인적 선호는 우리가 추구하는 공유된 비전을 개발할 수 있는 든든한 기반이 되지 못한다.

바라는 미래의 비전 만들기

1950년대 초반 미군은 있을 법한 미래상황을 논의하기 위해 몇 가지 시나리오를 개발했다. 그러나 산업계에서는 1970년대 초가 되어서야 '시나리오기반 계획(scenario-based planning)'이라는 용어를 사용했고, 이는 로열더치셸(Royal Dutch Shell, 네덜란드의 석유회사 로열더치와 영국의 운송 및 무역회사 셸이 1907년 합병해 출범한 유럽 최대의 석유회사-옮긴이)이 에너지 위기와 석유 및 가스 산업이 직면한 급격한 변화를 극복하기 위한 과정에 이 프로세스를 적용하면서부터이다 (Wack, 1985). 당시 시나리오기반 계획은 산업계에서 흔히 사용하던 전략적 계획 프로세스에서 과감히 벗어난 것이었고, 또 효과가 있었다. 시나리오기반 계획 프로세스는 산업계가 위험 경감의 목적으로 다양한 영역에서 나타날 법한 미래를 탐색하는 데 도움이 되었다. 회사와 기관들은 그 프로세스를 활용해 이미 드러나고 있는 미래의 실체에 대응하기 위한 통찰력을 키웠다.

여기서 '시나리오 구축(scenario building)'이라는 용어는 다양한 트렌드와 변화 동인들의 상호작용, 그리고 드러날 수 있는 무수히 많은 미래를 검토하는 프로세스를 가리킨다. 만화경의 색유리 조각들을 비틀고 돌려 새로운 조합을 만들어내듯이, 서로 다른 시나리오들을 조명하기도 하고 이리저리 뒤집어도 봄으로써 다양한 가능성을 상상해볼 수 있다.

만일 지식기반 구축 활동(연구, 독서모임, 대담, 발표회)의 구성원으로 참여해서 필요한 탐구영역(과학기술, 펀딩, 세계화)을 정했다면, 다음과 같은 시나리오 구축 프로세스를 권한다.

- 서로 대척점에 있는 양극단을 검토 주제로 확정한다(또는 제시한다).
- 잠재적 미래상을 도식화한다.
- 바라는 미래를 결정하기 위해 잠재적 미래상을 놓고 논의한다.

시나리오 구축 과정을 논한 다음에는 그 과정을 집단 규모에 따라 용이하게 할 방법을 자세히 다룬다. 누가 참여하는지는 경우에 따라 다르다. 소집단(부서 또는 학년별 팀)일 경우에는 구성원이 모두 참여해야 하나, 좀 더 큰 학교와 학구 차원에서는 공동체 전체를 대표하는 집단이 참여해야 한다.

양극단 확인하기

트렌드와 변화의 동인을 탐구하면 미래 환경의 잠재적 특징의 폭을 나타내는 양극단을 발견할 수 있다. 예를 들면, 21세기 교육의 특정 현실과 영향으로 인해 교육이 한편으로는 더 '표준화되고(standardized)' 또 한편으로는 고도로 '개인화될(personalized)' 수 있다. 또 표준화에 동반되는 과학기술과 같이 어떤 영향 요소들로 인해 학습이 '단일 출처'(예: 학교 교사) 아니면 '복수 출처'(예: 온라인강의, 멘토, 인턴십, 독립 프로젝트)를 통해 이루어질 수 있다. 이 두 양극단을 대표적인 질문과 함께 [도표 1. 2]에 제시했다.

[도표 1. 2] 두 가지 양극단

표준화		
		개인화
효율적인 집체교육 방식의 학습을 제공하는가, 아니면 좀 더 개인화된 방식의 학습경험을 제공하는가?		
단일 출처		
		복수 출처
학교가 주요 학습자료를 결정하는가, 아니면 학생들이 다양한 출처의 학습자료에 접속하는가?		

〈표 1. 1〉 양극단과 예시 질문

양극단	예시 질문
지역 vs. 세계	학습은 지역적 또는 국가적 맥락에 초점을 맞추는가, 아니면 세계적 관점을 채택하는가?
공립 vs. 사립	공립학교 모형을 그대로 유지하는가, 아니면 민간 부문을 더 늘리는가?
취업 vs. 진학	학생들은 취업을 준비해야 하는가, 아니면 대학 진학을 준비해야 하는가?
경력 지향 vs. 시민의식 지향	학습을 대학과 경력 지향 쪽에 맞추는가, 아니면 시민의식과 만족스럽고 생산적인 삶에 맞추는가?
전문화 vs. 일반화	학생들은 몇몇 전문화된 분야에서 깊이 있는 지식을 습득해야 하는가, 아니면 좀 더 넓은 영역을 망라해 학습해야 하는가?
단기 책무성 vs. 장기적 목표	단기간의 책무성 평가에 초점을 맞춰야 하는가, 아니면 평가하기에 더 어려울 수도 있는 장기적 목표에 초점을 맞춰야 하는가?
교과 지식 vs. 초교과적 역량	전통적인 교과의 지식과 스킬을 습득하도록 교육하는가, 아니면 교과를 초월해 통합적으로 사고하는 21세기 역량을 개발하도록 교육하는가?
고용인 vs. 피고용인	학생들을 고용인이 되도록 키우겠는가, 아니면 피고용인이 되도록 키우겠는가?
개인 vs. 협업	'성공'이란 개인적 노력의 산물인가, 아니면 협업의 산물인가?
면대면 vs. 원격	미래에 학생들은 면대면 상호작용을 통해 학습할까, 아니면 온라인이나 원격교육을 통해 학습할까?
학위 vs. 숙달도를 입증하는 누적 자료	학생들의 학습을 일반적인 졸업 요건(예: 카네기 학점)으로 입증하는가, 아니면 학생 개개인의 수행과 성취 증거 (예: 디지털 포트폴리오, 배지, 모듈 등)로 입증하는가?
안정 vs. 혁신	학구, 학교, 부서는 안정과 체계를 가치 있게 여기는가, 아니면 혁신과 모험을 가치 있게 여기는가?
연결 vs. 독립	학구, 학교, 부서는 하나로 연결된 네트워크의 일부인가, 아니면 별개의 독립체인가?

[도표 1. 2]에서처럼 간단한 양극단을 통해 미래에 교육이 전개될 다양한 경로를 탐색할 수 있다. 이와 같은 양극단을 식별하는 것은 지식기반을 구축하는 단계에서부터 우리가 선호하는 미래를 설계하는 단계로 옮아가는 데 중요한 부분이다. 〈표 1. 1〉은 잠재적인 양극단과 그에 수반되는 예시 질문이다. 이러한 양극단과 그에 딸린 예시 질문이 서로 어떻게 연관되며, 앞으로 펼쳐질 잠재적 미래와는 어떻게 관련되는지를 살펴보기 위해 간단한 도식화 기법(graphing technique)을 활용하고자 한다.

잠재적 미래 도식화하기

두 가지 양극단과 그에 딸린 질문을 사분면 도표('마법의 사각형'으로 불리기도 하는데 '데카르트 평면'으로 더 잘 알려져 있다)에 표시해보면 다양한 잠재적 시나리오를 탐색할 수 있다. 이 도표는 각각의 사분면에 제시된 가능한 미래에 관해 사고를 자극하고 풍부한 대화를 촉진한다. [도표 1. 3]은 [도표 1. 2]에서 소개한 양극단, 즉 '표준화' 대 '개인화', '단일 출처' 대 '복수 출처'를 활용해 만들었다.

이 도표를 활용하면 4가지 유형의 잠재적 미래와 그것들 사이에 있는 다양한 측면을 탐구할 수 있다. 사분면 A는 교육이 표준화되고 다양한 학습자료와 공급원을 보유한 잠재적 미래를 나타낸다. 반면, 사분면 D는 학습이 매우 개인화되어 있으나 학습자료와 공급원이 다양하지 못하고 중앙집중식이 될 수도 있는 미래를 보여준다.

[도표 1. 3] 사분면 도표의 예

	복수 출처	
학교가 주요 학습자료를 결정하는가, 아니면 학생들이 다양한 출처의 학습자료에 접속하는가? A	B	
표준화		**개인화**
C	D	
	D 효율적인 집체교육 방식의 학습을 제공하는가, 아니면 좀 더 개인화된 방식의 학습경험을 제공하는가?	
	단일 출처	

잠재적 미래에 관해 논의하기

양극단을 도식화한 다음에는 질문을 해보자. '우리는 지금 어디에 있는가? 잠재적 미래는 저마다 어떤 모습일까? 그 미래의 강점과 약점은 무엇인가? 우리는 어디에 있고 싶은가?' 이런 질문들로 토론하면서 잠재적 미래상을 비교하고 가장 좋아하는 미래를 선택해본다. ⟨표 1. 2⟩는 [도표 1. 3]의 각 사분면에 제시된 잠재적 미래와 관련된 질문과 난점을 나타낸다.

일반적인 워크숍에서는 20~24가지의 양극단 쌍을 조합해서 10~12개의 사분면 도표를 만든다. 이제 모든 잠재적 미래로부터

〈표 1. 2〉 사분면별 질문과 난점

사분면	특징	질문과 난점
A 표준화와 복수 출처	• 학구와 학교는 주(州)에서 채택한 교과서나 자료를, 승인받은 판매업자에게 주문할 수 있다. • 이미 정해진 학습환경에서도 어느 정도 선택의 여지가 있다. • 학교와 학급의 일정이 정해져 있다. • 학생은 연령별로 분류된다.	• 승인된 자료가 모든 교수·학습 방식을 뒷받침하지는 못한다 (예: 탐구). • 학교와 교사가 일정 관리와 배치에 관해 융통성을 발휘하는 것이 거의 불가능하다. • 표준화시험이 늘어날까?
B 개인화와 복수 출처	• 학습자료의 출처가 매우 다양하다. • 학생이 대부분의 학습자료를 스스로 구한다. • 학생이 자신만의 학습 콘텐츠를 구성한다(예: 아이튠즈 프로그램을 활용한 음악 재생목록과 같이 학생 각자의 학습목록 만들기). • 교사는 개인별로 학습과정을 지원한다. • 유연하게 모둠을 구성함으로써 학생들은 다양한 모둠에서 만난다. • 학습은 언제 어디서든 가능하다 (굳이 학교건물일 필요가 없다).	• 누가 교육의 질을 결정하는가? • 성공의 기준은 무엇인가? • 일관성 없는 프로그램이 있을 수 있다(예: 중요한 스킬이 제외될 수 있다). • 너무 많은 선택지를 어떻게 다룰 것인가? • 자율성과 융통성을 어느 정도 허용해야 하는가? • 모든 학생이 이러한 자유를 감당할 수 있을 만큼 성숙한가? • 책무성을 어떻게 확보할 수 있는가? • 이 시스템(예: 역량기반 프로그램)을 통해 학생들은 어떻게 발전하는가?
C 표준화와 단일 출처	• 확실하게 보증된 교육과정을 모든 학생에게 제공한다. • 교육과정과 학습자료를 중앙집중식으로 관리한다. • 규정된 교수요목이 통일성을 담보한다. • 경험이 부족한 교사도 교육과정을 따라 가르칠 수 있다. • 엄격한 진도관리로 누구도 뒤처지지 않게 이끈다.	• 중앙집중식 구조는 관료적일 수 있다. • 획일적인 시스템은 혁신과 변화에 대한 대응을 어렵게 만든다. • 다양한 학습 욕구와 유형, 흥미를 어떻게 충족시킬까? • 엄격한 진도관리는 진도빼기식의 교수를 조장한다. • 학교와 교사에게 부여되는 융통성이 거의 없다. • 표준화시험은 과도한 시험준비를 부추긴다.

D **개인화와** **단일 출처**	• 학습자료에 대한 중앙집중식 통제가 이루어진다. • 확실하게 보증되고 조정된 교육 과정이 있다. • 학생들은 미리 정해진 학습자료 및 활동 중에서 선택한다. • 기간과 일정이 다양할 수 있다.	• 구조 안에서만 자유롭다. • 중앙집중식 통제가 이루어지는 자료를 어떻게 계속 업데이트할 수 있을까? • 역량기반 프로그램에 적합하다. • 학생들이 선택할 수 있는 다양한 진로를 관리하려면 정교한 데이터베이스가 필수이다.

우리가 선호하는 미래상 10~12가지를 조합하는 것으로 논의를 이어가자. 일단 다양한 모습의 잠재적 미래를 도식화하고 논의한 후, 다음과 같이 요약해보자.

- 각 사분면에 기술된 각기 다른 미래의 특성을 모으고 분석한다. 종합하면, 다양한 관점에서 다채롭게 기술된 선호하는 미래상이 된다.
- 모둠별로 작업을 되돌아보고 정리해서 다른 모둠과 공유할 시간을 계획한다. 대개 완성된 차트는 간단한 파워포인트처럼 디지털 포맷으로 바꾸고, 선호하는 미래상에 대해 기술한 내용을 검토해서 하나의 문서로 정리하는 것이 가장 좋다.

선호하는 미래상(각각은 양극단들을 다양하게 조합한 맥락 안에 있다)에 관해 기술한 다양한 내용을 종합하면, 결과적으로 우리가 바라는 미래의 강력한 비전이 된다.

선호하는 미래상 수월하게 만들기

시나리오기반 계획은 생각보다 복잡하지는 않지만 간편하게 실행할
수 있는 요령이 필요하다. 참여자들이 준비를 잘하고 적절한 지원을
받는다면, 그 과정은 흥미롭고도 재미있을 것이다. 보통은 그 과정에
서 협업집단들은 확실히 이해하고 새로운 관점에 도달해 "아하!" 하
고 깨닫는 순간을 한 번 이상 맞이하게 될 것이다. [도표 1. 4]는 이
러한 프로세스를 위한 프로토콜(protocol, 실행계획안)을 나타낸다.

[도표 1. 4] 선호하는 미래를 정의하기 위한 프로토콜의 예

프로세스 단계	계획을 위한 질문
1. 4~5명의 참가자로 이루어진 소규모 모둠을 만든다.	• 창의적이고 협력적인 과정을 위해 모둠을 어떻게 준비시킬 것인가? • 어떠한 조합이 모둠에 유익한가?
2. 포스터만 한 크기의 종이를 모둠별로 나누어준다. 종이마다 4개의 사분면이 있고 사분면에는 서로 다른 넓은 영역의 양극단(예: 한 축은 '기술', 또 한 축은 '펀딩')이 조합돼 있다. 양극단의 조합은 모둠별로 달라야 한다.	• 양극단이 모두 우리가 통제할 수 있는 것이 아니라면, 이들의 조합이 계획과 실행을 위한 궁극적인 시작임을 어떻게 확신할 수 있을까? • 양극단의 어떤 조합이 잠재적 미래 시나리오를 계획하는 데 가장 강력한 수단을 제공하는가?
3. 잠재적 미래를 나타낸 각각의 사분면을 기술할 형용사를 모둠별로 생각해 내게 한다. 이는 전체 과정에서 대화 단계에 해당한다. (20~30분)	• 각각의 사분면이 잠재적 미래 시나리오를 각기 달리 나타낸다면, 이를 어떻게 빠르고 생생하게 기술할 것인가? • 이와 같은 잠재적 미래에서 사람들은 무엇을 할까? 이 환경의 주요 특징들은 무엇이겠는가? 통제는 어디에서 이루어지는가? 학교는 어떠한 조건에서 기능하겠는가? • 이와 같은 잠재적 미래에서 학교와 학습의 본질은 어떻게 달라지는가?

4. 모둠별로 부서 또는 조직에서 원하는 최종 시점에 관해 토론하고 합의한다 (7~10년이 적절한 기간이다). 이는 양극단 및 잠재적 미래상과 관련지어본 이상적인 미래를 나타낸다. (20~30분)	• 이러한 사분면들이 가능성 있는 미래의 시나리오를 매우 다양하게 나타낸다고 가정할 때, 우리가 바라는 미래의 시나리오를 나타내는 것은 어느 지점인가? • 우리 학생들이 미래에 있어야 할 올바른 위치는 어디인가? • 사분면 차트에서 부서 또는 조직에 가능한 최고의 지점은 어디인가?
5. 희망하는 미래에 관해 모둠별로 상세히 기술하게 한다.	다음과 같은 문장을 완성한다. • "이것은 _____을(를) 의미한다." • "만일 _____(이)라면, 우리는 무엇을 보게 될까?" • "이와 같은 미래에서 학생들은 _____할(일) 것이다."
6. 부서 또는 조직이 현재 어디쯤에 와 있다고 인식하는지 모둠은 계속해서 기술할 수 있(고 아마도 기술할 것이)다. 이것은 소위 표류점(drift point)이라는 것과 관련되는데, 부서 또는 조직이 자발적으로 변화하지 않는다는 가정하에 트렌드와 촉매들의 영향에 따라 10년 후에는 도달할 것으로 생각되는 지점을 나타낸다. 이는 강력한 동기부여제가 될 수 있고 작업에 긴급성을 더할 수 있다.	• 현재 우리는 어디에 있는가? • 만일 우리가 이들 영역에서 미리 대책을 강구하지 않는다면 10년 후에 우리는 어디쯤 있게 될까? • 우리의 표류점은 어디인가?
7. 모든 참여자가 유사점과 차이점을 식별할 수 있도록 모둠별로 작업한 결과를 다른 참여자들과 간단히 공유한다. (10~20분)	

이 협업 과정의 정점은 모둠의 현 위치를 평가하고, 희망하는 미래의 위치를 확인하는 순간에 있다. 모둠이 '아하!' 하는 깨달음에 도달하게 되면 놀라운 현상이 일어난다. 즉, 모둠에서 공동의 비전

이 또렷해질수록 구성원들의 생각이 통합될 뿐 아니라 사고의 대전환까지도 가능하다.

이 프로세스는 작은 부서에서부터 이해관계자 집단을 두루 대표해야 하는 학구 수준에 이르기까지 어느 수준에서든 활용할 수 있다. 예를 들면, 그레그(이 책의 공저자인 그레그 커티스-옮긴이)는 7학년 학생들과 함께 작업한 적이 있는데, 그들은 가상의 문명 건설 프로젝트에서 양극단을 스스로 찾아낸 다음, 이 프로세스를 활용해 꽤 유효한 선호하는 미래상을 만들어냈다. 학생들은 양극단에 딸린 질문들을 파고들었다. '사회의 기본 서비스는 누구나 이용할 수 있어야 할까, 아니면 사용자 지불 제도를 통해 제공해야 할까? 그런 시스템은 개방된 민주주의 정부인가, 아니면 사회의 이익을 위해서라면 뭐든 능률적으로 해내는 자애로운 독재자의 정부인가?' 학생들은 다양한 양극단과 잠재적 미래를 탐색함으로써 예리한 통찰력과 사고력, 협상력을 키웠다. 이는 모두 21세기의 핵심 역량에 해당한다.

미래지향적 가공물 창출하기

막연한 동경에서 계획적인 단계로 나아가는 첫 단계는 설정된 비전이 공동체 구성원들에게 생생하게 다가가도록 만드는 일이다. 비전을 선언하는 것 자체는 그다지 의미를 갖지 않는다. 사실 그러한 선언들은 대개 의미 없는 상투어로 채워져 있어서 서로 구분하기도 힘들다.

비전에 생명력을 불어넣는 가장 좋은 방법은 그것을 이해하기 쉽고 재미있는 내러티브(narrative, 서사·이야기)에 담는 것이다. 사람들은 이야기, 특히 비전을 구성하는 추상적인 개념과 전문용어들을 설명해주는 이야기에 호기심을 갖는다. 교사가 자신의 비전은 학생들이 세계시민이 되는 것이라고 말할 때, 그것이 의미하는 바는 무엇일까? 그 비전은 어떤 모습일까? 이러한 비전은 21세기 역량 개발의 중요성을 강조하지만, 학생들이 학교에서 현재 하고 있는 것과 어떻게 다를까? 또 이들 역량은 학생들을 위한 기회를 어떻게 향상시킬까?

희망하는 미래를 담은 이야기는 여러 방식으로 묘사될 수 있다. 우리는 말하기보다는 보여주고 싶다. 설명이 아니라 참여를 원한다. 강렬한 인상을 주는 가공물(artifacts)은 이야기의 힘을 통해 비전에 생명을 불어넣을 수 있다.

그렇다면 미래지향적인 가공물이란 무엇일까? 간단히 말해서, 그것은 보이지 않는 것을 보이게 만드는 실체가 있는 산물이다. 그것은 추상적인 비전을 구체화하여 보여준다. 여기 몇 가지 사례를 소개한다.

- 학생들이 날마다 무엇을 하고 어떤 식으로 배우는지를 중점적으로 기술한, 지금부터 10년 후의 전형적인 학교생활을 기술한 학생일지
- (희망하는) 미래에 중요한 이야기를 집중적으로 다룬 기사
- 전통적인 학사일정의 구속력 있는 구조가 제거된, 고등학생의 학사일정이나 시간표

- 미래 성공의 척도가 될 21세기 사고력 및 학습능력에 대한 짧은 소견이 적힌 초등학생 성적표
- 새로운 환경에서 학생들이 잘해내는 데 필요한 도구로 가득 찬 학생가방
- 21세기 역량을 성취했다는 증거를 보여줄 디지털 포트폴리오
- 학습자들을 위한 촉진자(facilitators)와 멘토에 대한 기대가 달라지고 있음을 보여주는 교사의 직무기술서와 일정표
- 미래의 주요 기사를 보여주는 잡지 표지나 웹페이지

여러분이 바라는 교수·학습의 미래를 상징하는 가공물을 개발하는 과정은 공동체의 모든 구성원에게 기분 좋은 경험이다. 무언가를 이해하고 창조함으로써 희망찬 미래에 관여하고 활력을 얻는 기회가 되기 때문이다. 다양한 모임과 행사에서 이용할 수 있는 이러한 가공물들을 통해 사람들은 그 비전이 어떤 모습일지 알게 될 것이다.

이 프로세스를 시작하기 위해서는 다음과 같은 작업이 필요하다.

- 앞 단계의 도식화 과정에서 나온 결과물을 수집하고 다듬는다.
- 선호하는 미래에 대해 기술한 내용을 가공물 제작에 1차 자료로 활용할 수 있도록 정리한다.
- 자료와 기본재료(예: 잡지 표지로 쓸 백지와 스톡이미지들, 일정표 견본, 티셔츠, 학위증서로 쓸 종이 등)를 많이 준비해야 한다.

참여 형태는 상황 맥락에 따라 달라진다는 점에 다시 한번 유의

[도표 1. 5] 미래지향적 가공물을 개발하기 위한 프로토콜의 예

프로세스 단계	계획을 위한 질문
1. 시나리오를 만드는 모둠의 구성원들이 자신이 개발한 선호하는 미래상을 서로 공유하도록 한다. (30분)	• 어떤 트렌드와 촉매를 결부시켰는가? • 4개의 사분면에 나타난 다양한 잠재적 미래상을 어떻게 이해하게 되었는가? • 이 모든 잠재적 미래상 중에서 바라는 미래를 어떻게 선택했는가? • 바라는 미래는 어떤 모습으로 다가오는가?
2. 참가자들에게 과제와 사용 가능한 자료를 소개하고 그들을 소모둠(3~5명이 적절하다)으로 조직한다.	• 아직 존재하지 않는 장소와 시간에 관한 이야기를 어떻게 나눌까? • 이 새로운 환경에서 사람들은 무엇을 할까? • 학생들과 조직에게 성공이란 어떤 모습일까? • 바라는 미래의 진정한 가능성을 표현하는 데 효과적인 이야기와 이미지, 주된 기삿거리로는 무엇이 있을까?
3. 주어진(또는 모둠에서 고안한) 메뉴에서 소모둠별로 가공물 아이디어를 고르고, 각각의 가공물이 잠재적 미래를 반영하도록 이야기를 만들어내는 작업을 한다. (60분)	• 누구에게 이 이야기를 전달하고 있는가? • 이야기의 핵심은 무엇인가? • 그 핵심을 말로 들려주는 데 그치지 않고 직접 보여주려면 어떻게 해야 할까? • 어떻게 해야 청중의 마음에 강렬하고 긍정적인 이미지를 불러일으킬까?
4. 모두 제자리로 돌아가도록 하고, 그들이 만든 가공물을 전체 참가자들 앞에서 보여주고 설명하도록 한다. (30~60분, 모둠 규모에 따라 다르다)	• 25개 단어 이내로 자신의 이야기를 말한다면? • 자신이 만든 가공물이 어떤 영향력을 갖기 원하는가? • 그 매체와 메시지를 선택한 이유는? • 당신이 말하는 미래 이야기는 오늘날 우리가 경험하는 것과 어떻게 다른가?

하자. 만일 부서 수준에서라면 지나치게 형식적일 필요가 없고, 아마도 시나리오를 만드는 과정에 참가자들을 참여시킬 수 있을 것이다. 학교 또는 학구 수준에서라면 비전 만들기에 많은 사람이 참

여할 수 있도록 좀 더 넓은 범위에서 대표 집단을 선발한다. 학생들은 이 프로세스에 반드시 참여해야 한다. 앞의 [도표 1. 5]는 가공물을 만드는 세션을 수월하게 진행할 수 있도록 하는 간단한 프로토콜이다. 이 과정을 끝내고 나면 다음과 같은 활동을 수행한다.

- 가공물을 모두 모은다.
- 그중에서 인상 깊고 영감을 주는 몇 가지를 골라 더 좋게 다듬는다.
- 워크숍에서 나온 모든 결과물을 일정한 형식을 갖춰 모든 참가자에게 보낸다. 이는 그들이 참여했던 작업에 가치를 부여하고, 지속적인 참여를 가능케 할 것이다.
- 다듬은 가공물을 적절한 방법으로 공개적으로 알리기 시작한다. 가공물을 여러 행사(학생회, 교직원회의, 학부모-교사모임 등)에서 공동체 구성원 모두에게 소개한다.

[도표 1. 6]은 호주 퍼스(Perth)의 웨슬리대학에서 열린 '미래지향적 가공물 만들기 워크숍'에서 나온 몇 가지 간단한 산물이다. 티셔츠, 범퍼스티커(실제로 자동차에 부착했다!), 디오라마(diorama, 그림이나 풍경을 배경으로 축소 모형을 설치해서 특정 장면을 연출하는 것-옮긴이), 노래, 미래의 배낭, 그 밖에 비전을 만드는 과정에서 나온 다양한 산물이 있다.

가공물은 상황을 실감 나게 만들고 구체화하며 흥미진진하게 만들어준다. 그 핵심은 다양성을 보여주는 다층적 렌즈를 통해 미래

[도표 1. 6] 가공물의 예

의 비전을 창조적으로 연출하는 것이다. 사람들은 특히 학생과 이해
관계자가 얻는 혜택이 명확하면, 이야기를 중심으로 집결할 수 있다.
가공물은 변화 과정에서 생기는 두려움을 몰아내고 그 대신에 긍정
과 희망을 심는 중요한 도구가 될 수 있다.

　가공물은 원형(原型) 제작의 한 형태를 보여주기도 하는데, 이는
혁신적인 생각과 미래의 여러 가능성을 검증하는 강력한 방법이다.
달리 말하자면, 가공물은 사람들에게 비전을 알리는 것뿐 아니라
가능성에 대한 구체적인 모델을 제시하는 용도로 사용될 수도 있다.
그것은 공동체의 반응을 알아내고 그 비전을 지속적으로 개선하는
데도 도움이 될 수 있다.

결론

이 장에서는 학구, 학교, 부서 차원의 미래지향적 비전을 설정하는 방법을 중점적으로 다루었다. 희망하는 미래의 비전은 대개 막연하고 모호하지만, 여기서 제시한 사례와 프로세스는 긍정적이고 흥미로운 방식으로 미래를 선명하게 그릴 수 있는 가능성을 제시한다. 일단 지식기반을 확장하고 비전을 담을 선호하는 미래를 확정 짓고 나면, 미래지향적 가공물을 함께 만들어봄으로써 우리는 쉽게 비전을 구체화하고 미래에 관한 이야기를 할 수 있다.

여기에 많은 작업이 소요될 것처럼 보일 수도 있으나 학교교육에 관한 설득력 있고 실현 가능한 비전을 함께 만들어가는 데 시간을 할애하는 것은 매우 중요하다. 이러한 초기 단계를 소홀히 하게 되면 목표가 불분명해지고 그 이후의 작업에 필요한 참여 동기가 약해질 수 있다.

제1장의 비전 세우기 과정으로부터 논의의 주제를 옮겨 제2장은 미션을 구체화하고 달성할 계획을 세우는 것에 대해 다룬다. 이를 위해 소위 투입(Input)-산출(Output)-교육효과(Impact)라는 중요한 개념틀인 'IOI 프레임워크'를 소개한다. 아울러 미션 개발에 대해서도 탐색할 것이다. 이때 미션은 학습의 핵심 요소에 초점을 두고 있으며, 이들 요소는 비전을 나타낸다.

제2장

비전에서
미션으로

미래학습에 대한 비전을
어떻게 실행 가능한 미션으로 구체화할까?

제1장에서는 조직의 비전을 설정할 때 구성원 모두가 지식기반의, 미래지향적인 비전을 공동으로 개발하는 방법에 관해 서술했다. 아울러 그 비전을 구체화할 수 있는 가공물을 만드는 과정도 소개했다. 그다음 단계로, 이 장에서는 비전을 좀 더 명확하고 달성 가능한 미션으로 전환하는 방법을 알아보고자 한다. 경험에 비추어 볼 때, 비전과 미션이 잘 연계되지 않으면 마치 조종키 없는 배처럼 방향을

잃게 되어 학생들을 위한 좀 더 나은 교육을 이뤄낼 수 없게 된다. 따라서 학구, 학교, 부서 등 어느 수준에서든 변화를 위한 비전을 달성하려면 근거가 확실하고 실행 가능한 미션을 분명히 밝히는 것이 중요하다.

교육효과 확인하기

비전이 학구, 학교, 부서에서 '이루고자 하는' 것이라면, 미션은 학구, 학교, 부서에서 '실행하고자 하는' 핵심 사업이라고 할 수 있다. 따라서 교육 미션은 비전이 실현되는 데 이바지해야 하며, 학교가 바라는 미래상에 근거해 학생의 주요 학습성과 측면에서의 우선순위를 반영해야 한다. 그러나 안타깝게도 대부분의 미션선언문은 모호한 글귀와 용어가 섞여 있어서 분명한 메시지를 주지 못한다. 다음의 예를 보면 무엇이 잘못되었는지 쉽게 알 수 있을 것이다.

- XYZ 학구에서는 모든 학생이 배울 수 있다고 믿으며, 학생의 잠재력을 최대한으로 발휘하도록 돕기 위해 노력한다.
- ABC 학교의 사회과 부서에서는 급변하는 세계에서 성공할 준비가 되어 있는 능동적인 시민을 양성한다.

이와 같은 미션선언문은 내용이 매우 애매하고 다소 진부하다. 이러한 진술은 실행을 이끌어낼 수 있는 구체성이 부족하기 때문에,

자연스럽게 다음과 같은 질문을 떠올리게 한다. 학생들이 잠재력을 '최대한으로 발휘'한다는 것은 무슨 뜻인가? 우리가 기대하는 '능동적인 시민'은 어떤 일을 하는 사람들인가? '급변하는 세계에서 성공'하기 위해 학생들에게 필요한 것은 무엇이며, '성공'이란 무엇을 의미하는가?

엉성하게 만들어진 미션선언문의 또 다른 특징은 학생들이 달성하기를 바라는 결과보다는 교육기관에서 학생들에게 무엇을 제공하려고 하는지에 초점을 둔다는 것이다. 다음의 예를 보자.

- EFG 학교는 학생 모두를 지원하기 위해 학부모와 협력해서 따뜻하고 우호적인 환경을 조성하는 데 전념하고 있다.
- QRS 독립학구에서는 학생들이 미래의 성공을 위해 준비할 수 있도록 엄격한 프로그램을 제공한다.

이러한 표현 하나하나는 훌륭하고 멋지다. 그러나 "따뜻하다, 우호적이다, 엄격하다"라는 말은 '목표'가 아니라 '수단'에 관한 표현임을 주목하자. 실제로 많은 교육기관에서 환경, 프로그램, 시설과 같은 수단을 목표 자체로 혼동하고 있다.

그렇다면 어떻게 해야 우리가 선호하는 미래의 비전에서 실행을 촉진하는 구체적인 미션으로 옮아갈 수 있을까? 결론은 간단하다. 교육의 미션선언문에는 학생들의 학습과 관련해 바라는 결과를 구체적으로 기술해야 한다. 이 책에서는 학생들에게 기대하는 학습결과를 '교육효과(impact)'로 지칭하기로 한다.

간단히 정의하면, '교육효과'란 학생들에게 기대하는 학습성과로서, 비전에서 궁극적으로 이루고자 하는 것이자 미션의 핵심에 해당한다. 더 구체적으로 말하면, 교육효과에는 몇 가지 두드러진 특징이 있으며, 이에 따르면 학생들의 학습성과는 다음과 같은 특성을 갖는다.

- 본래 **장기간**에 걸쳐 나타난다(시간이 경과함에 따라 발전되고 심화된다).
- **수행을 기반**으로 한다(학습자가 직접 적용해봐야 한다).
- **전이**를 수반한다(새로운 환경에서 응용할 수 있다).
- 학습자의 **자발적인** 수행을 필요로 한다(교사의 코칭이나 유도 없이도 학습이 이루어진다).

학교의 미션선언문에서는 전통적인 교과 영역뿐 아니라 교과를 초월하는 영역의 교육효과에 관한 내용도 확인할 수 있다. 일반적으로는 부서별 미션에 근거한 개별 교과(예: 수학, 시각예술 등)의 교육효과를 떠올리는데, 학구 및 학교 수준의 미션에서는 21세기 역량과

〈표 2. 1〉 교육효과의 두 가지 유형

교과별 교육효과	초교과적 교육효과
유능한 작가	비판적으로 사고하는 사람
수학적 추론가	자기주도학습자
다양한 영역의 예술가	협동하는 사람

같은 초교과적 교육효과를 강조하기도 한다. 〈표 2. 1〉은 이 두 가지 유형을 보여준다.

교육효과를 조작적으로 정의하기

초교과적 교육효과를 정의하는 작업에서 가장 중요한 단계는 흔히 21세기 역량과 관련된 애매한 용어를 줄이는 일이다. 사람들은 '창의성', '혁신', '비판적 사고력'이 무슨 뜻인지 자기 나름의 생각을 가지고 있지만, 실제로 이러한 개념들을 정의하기란 쉽지 않다. 하지만 보편적인 정의가 없더라도 학교에서 미션에 담긴 교육효과를 정의하고, 분명하고도 일관되게 전달하는 것은 매우 중요하다. [도표 2. 1]은 초교과적 교육효과를 정의하기 위해 어느 학교에서 썼던 방식을 보여준다. 우리가 가치 있다고 공언하는 교육효과들을 명확하게 목표로 삼고 이를 평가하려면, 동일한 것에 대해서는 동일한 정의로 이야기해야 한다.

교육효과 평가하기

제1장에서는 다양한 시나리오의 탐색을 통해 희망하거나 선호하는 미래를 표현하는 방식에 관해 기술했다. 또 미래를 상징하는 가공물을 만드는 과정을 약술했는데, 이러한 가공물 만들기를 통해 우리는 선호하는 미래를 그 특징이 되는 실질적인 활동과 환경 속에 쉽게 구체화할 수 있다. 이 두 가지 요소가 결합되면 학교의 몇몇 핵심

[도표 2. 1] 개인적 및 사회적 책임에 대한 조작적 정의의 예

개인적 및 사회적 책임
개인적 및 사회적 책임은 리더십, 생산성, 자기주도성의 성장과 성취로 정의되고 평가된다. 학생들은 개인, 학습자, 가족, 시민으로서의 목표를 설정하고 추구할 수 있어야 한다. 또 올바른 도덕적 결정을 내릴 수 있는 지식과 능력을 갖추고, 지역과 국가 그리고 세계 차원에서 사회적으로 쓸모 있는 역할을 수행해야 한다. 박식하고 사려 깊으며 책임감 있는 시민이 되어, 다양한 봉사활동 기회를 통해 학교와 공동체 그리고 더 넓은 세계에 참여할 수 있어야 한다.

리더십	생산성	자기주도성
리더십이란 개인 또는 여럿이 특정 집단이나 기관에 변화를 일으키고, 설정된 목표를 달성하도록 다양한 방식으로 이끌고 지도하며 영향을 주는 능력이다. 21세기의 리더는 융통성 있고 폭넓은 지적 호기심을 가져야 하며, 평생학습자가 되어야 한다. 리더는 다양한 관점에서 가치를 발견하려는 태도를 가져야 하고, 불확실성 속에서도 편안함을 느끼며 세계적인 시야를 가지고 문제해결책과 도전적인 길을 찾아야 한다.	생산성에는 현실세계의 도구들을 활용해서 능률적이고 효과적인 결과를 내기 위해 우선순위를 정하고, 계획을 세우며, 관리하는 일이 모두 포함된다. 오늘날의 사회는 너무 복잡해서 노동자들이(학생 또한) 프로젝트의 주요 목표에 집중하고, 각자 맡은 일을 잘 관리하며, 뜻밖의 사건과 만약의 경우에도 대비해야 한다. 높은 생산성은 전형적인 21세기 지식노동자가 갖춰야 할 기본 요건이다.	자기주도성이란 학습과 관련된 목표를 설정하고 그것을 달성할 계획을 세우며, 시간과 노력을 자주적으로 관리하고, 학습의 질과 그 결과물을 평가하는 능력이다. 독자적으로 학습하고 급변하는 세계에 적응할 수 있는 학생들이 21세기에 성공할 것이다.

출처: Catalina Foothills School District, Tucson, Arizona(2008)

적인 교육효과를 설정하는 토대가 된다. 우리는 앞선 작업에 참여한 모둠의 구성원들에게 다음 두 가지 간단한 질문을 던짐으로써 이들 원재료에서 교육효과를 도출할 수 있다.

1. 그와 같은 미래에 학습자가 성공하려면 무엇을 할 수 있어야 하는가?
2. 학생이 개발하고 활용해야 할 능력과 적성은 무엇인가?

참가자들이 이 질문에 대해 숙고할 때, 다음 세 가지 준거를 바탕으로 교육효과를 제안할 것을 권고한다.

1. 조직의 미션과 명확하게 연계된 최고 목표치를 어느 정도로 반영하는가?
2. 학습자의 바람직한 변화를 어느 정도로 보여주는가?
3. 수행 관련 용어(예: '학습자들은 무엇을 할 수 있는가')로 진술된 장기적(졸업 수준) 성과를 어느 정도로 명시하는가?

이 질문에 대한 답은 집단에서 토론을 통해 제시할 수 있는 잠재적 교육효과의 간결한 목록이어야 한다. 최종적으로 집단은 자기들이 원하는 것이라고 생각했던 교육효과를 최대한 축약한 몇 가지 사항에 동의할 수 있게 된다. 그다음 학교가 이 특정 교육효과를 미션선언문에 담으면, 이로써 비전에서 미션 단계로의 이행이 완료된다. 다음은 학교와 교과 영역에서 활용할 수 있는 미션선언문의 몇 가지 예이다.

GHI 학교의 미션은 다음과 같은 일을 독자적으로 할 수 있는 학습자 육성이다.

- 자기주도학습을 한다.
- 쟁점을 분석하고 조치를 취하는 과정에 비판적 사고와 도덕적 판단을 적용한다.
- 다양한 매체를 활용해 목적과 청중에 부합하는 아이디어를 효과적으로 전달한다.

수학과의 미션은 다음과 같은 일을 독자적으로 할 수 있는 학습자 육성이다.

- 현실적 및 이론적 난제를 포함해 지금까지 본 적이 없는 문제를 해결하기 위해 여러 전략과 적절한 수학적 추론을 효과적으로 활용한다.
- 수학적 또는 통계적 결론과 근거에 기초해 논의를 전개하고 비평한다.

역사과의 미션은 다음과 같은 일을 독자적으로 할 수 있는 학습자 육성이다.

- 현재를 더 잘 이해하고 미래를 대비하기 위해 역사적 패턴에 대한 지식을 활용한다.

- 역사적 주장을 비판적으로 평가하고 동시대적 쟁점을 분석한다.
- 민주주의 사회에 능동적인 시민으로서 참여한다.

이 사례에서 알 수 있듯이 교육효과는 교과뿐 아니라 21세기 학습목표와 같이 좀 더 확장된 초교과적 목표를 겨냥할 수도 있다. 단, 여기서 주목해야 할 점은 이와 같은 미션선언문은 기대하는 교육효과를 강조함으로써 학생의 특정 수행에 초점을 두지, 가르칠 내용이나 학교에서 제공하는 것(예: 따뜻하고 우호적인 환경, 책이 잘 갖춰진 도서관, 모든 학생에게 제공되는 태블릿)에 초점을 두지 '않는'다는 것이다. 이러한 구분이 탁상공론처럼 보일 수도 있으나, 조직 전체 차원에서 백워드로, 즉 역순으로 진행되는 성과 중심의 변화를 뒷받침할 수 있도록 교육효과를 투입 및 산출과 구별하게 해준다는 점에서 매우 중요하다.

IOI 프레임워크 만들기

이 책은 서로 연관된 두 가지 기획 프레임워크를 중심으로 구성되어 있다. 하나는 투입-산출-교육효과(Input-Output-Impact, IOI)이고, 또 하나는 백워드 설계(backward design)이다. 이 두 가지 프레임워크를 활용해 비전에서 미션, 그리고 실행으로 나아갈 수 있다. 이 장에서는 IOI 프레임워크에 대해 기술하고 제3장에서 백워드 설계를 설명할 것이다.

IOI 프레임워크는 학생과 교사에게, 그리고 공동체에 중요하고도 측정 가능한 소기의 성과라는 측면에서, 비전과 미션을 명확하게 표현할 수 있도록 하는 단순명쾌한 사고관점을 제공한다. 학교에서 목표로 정한 교육효과를 간명하게 명시할 수 있게 되면, 계획과 실행 및 평가의 과정이 그 전과는 매우 다른 색조를 띠게 된다. 학교가 이러한 교육효과를 염두에 두면 의미 있는 성과에 집중할 수 있으며, 이는 학교의 비전을 실현하고 미션을 수행하는 길고도 때로는 힘겨운 여정을 끝까지 지속할 수 있게 해준다. 이렇게 해서 학교에서는 IOI 프레임워크를 지침 및 전략적 평가의 토대로 활용해 막연한 열망을 구체적 계획 차원으로 끌어올릴 수 있게 된다.

기본적으로 IOI 프레임워크는 학교에서 명시한 교육효과에 학교의 자원과 실행을 집중하는 방식이다. 이러한 집중은 매우 중요한데도 학교 개선을 위한 계획 및 실행 과정에서 자주 빠지곤 한다. IOI 프레임워크에 대해서는 [도표 2. 2]를 참조하자.

IOI 프레임워크와 접근법은 믿을 수 없을 정도로 단순하지만, 학교 내의 시스템 전반에 복잡한 영향을 끼친다. IOI 프레임워크를 적절하게 유지하면 다음과 같은 점들이 가능하다.

- 비전과 미션의 초점은 학생들에게 있고, 개개인 및 학교의 진정한 변화와 관련 있다.
- 학습의 핵심 목표를 구성원 모두가 이해하게 되고, 이는 공동체의 참여와 지지를 이끌어 내는 열쇠가 된다.
- 학교의 혁신적 목표(교육효과)를 증진시키고 그것들을 전통적인

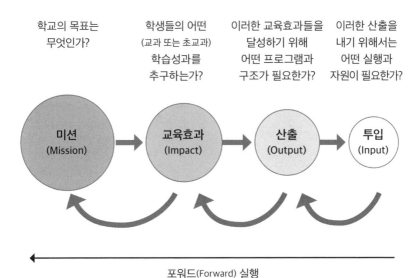

목표(학업성취기준)와 함께 배치한다.

- (기대하는 교육효과에서부터 그 교육효과를 달성하기 위한 실행에 이르기까지) 학교 곳곳에서 다양한 교수·학습 시스템과 프로세스를 통해 변화를 밀어붙인다.
- 학교 전체에 걸쳐 있는 여러 프로세스가 조화롭게 연계된다.
- 학교에서 내린 성공에 대한 정의는 반드시 미션을 토대로 한 학생들의 학습효과에 근거한다.
- 교육효과 달성의 증거로서 학생들의 학습을 지속적으로 탐구하며, 학교는 그 과정 내내 투명하고 초점을 유지한다.

[도표 2. 3] 서비스학습 관련 투입-산출-교육효과의 정의와 주요 질문, 사례

단계	정의	주요 질문	사례
투입 (Input)	미션에 투입되는 자원(시간, 자금 등), 프로세스, 프로그램, 실행	비전을 향해 나아가려면 실행, 프로세스, 자원 배분 등을 어떻게 해야 하는가?	• 교과 및 교과를 초월한 분야에서 교육과정 매핑(mapping) 위원회를 조직한다. 이와 관련한 소프트웨어를 구입한다. • 학교의 전 직원이 이해중심교육과정 (Understanding by Design®, UbD)을 기반으로 교육과정을 설계하도록 한다. UbD 단원 설계프로그램을 구입한다. • 파트너십 가능성을 모색하기 위해 학구 차원에서 지역의 사업체와 기관에 문의(요청)한다. • 학생들의 서비스학습을 탐구할 위원회 를 형성한다.
산출 (Output)	조직 차원의 투입(교육과정 또는 새로운 구조) 의 구체적인 결과	실행, 프로세스, 자원 배분에 따른 조직 차원의 결과가 무엇인가?	• 팀 차원에서는 학업성취기준 및 21세기 역량에 부합하는 교육과정 맵(map)을 개발하고, 이를 점검해서 수직적 및 수평적으로 조화롭게 연계될 수 있도록 한다. • 교사들은 학년 및 교과 부서별로 UbD 단원을 개발한다. 이미 설정한 준거에 비추어 단원의 초안을 점검한다. • 학구 수준에서는 학생들의 인턴십을 위해 몇몇 지역 사업체 및 기관들과 협력관계를 맺는다. • 학교 수준에서는 학생들을 위해 구조화 된 일련의 서비스학습 기회를 개발한다.
교육 효과 (Impact)	미션에 기초한, 관찰과 측정이 가능한 학생들 의 학습	미션과 관련된, 관찰과 측정이 가능한 학습목표 중에서 가장 중요한 것은 무엇인가?	• 전 학년에 걸쳐 21세기 역량과 관련된 학생들의 실력이 향상된다. • 학생들이 이해와 전이 측면에서 성장 한다. • 학생들은 직장에서 중시하는 특정 능력과 관찰 가능한 마음습관(habits of mind)을 갖는다. • 학생들은 봉사 경험을 통해 적극적으로 참여하는 시민의 특성을 발휘한다.

따로 설명이 필요 없을 만큼 뻔해 보일 수도 있지만, IOI 프레임워크를 충실하게 적용하려다 보면 기존의 편안한 습관과 익숙한 운영 방식에 부딪쳐 어려움을 겪을 수도 있다. 이 책에서 IOI 프레임워크에 관한 논의가 내내 반복될 텐데, 이를 통해 IOI 프레임워크가 특정 부서 또는 학교 전체에 어떻게 긍정적 변화를 가져오는지 알게 되기를 바란다. [도표 2. 3]은 서비스학습(service learning)과 관련해 IOI 프레임워크의 각 단계에 대한 정의와 주요 질문, 사례를 보여준다.

결론

이 장에서는 어떻게 하면 우리가 선호하는 미래에 대한 비전을, 실행을 이끄는 미션으로 바꿀 수 있는지에 관해 기술했다. 또 '투입(Input)-산출(Output)-교육효과(Impact), IOI 프레임워크'를 소개했고, 미션을 통해 기대되는 장기적 성과로서, 개별 교과 차원이든 교과를 초월한 차원이든 학생의 학습효과에 초점을 맞추는 것이 중요하다는 점을 강조했다.

미션에서 실행으로 나아감에 따라 제3장에서는 우리의 주된 관심을 백워드 설계의 활용으로 돌려 조화로운 연계 프로세스를 시작하고자 한다.

제3장

미션에서
실행으로

기대하는 결과에서 목적 지향의 실행으로,
즉 백워드로 협력해서 계획을 세우는 방법은 무엇일까?

앞의 두 장에서는 장기적인 교육효과라는 목표 지점을 명확히 하는 데 초점을 두었다. 이제 그 목표 지점을 향한 여정을 설계할 시간이다. 우리가 할 일은, 최종적으로 기대하는 교육효과(Impact)에서 출발해 우리의 비전 실현에 필요한 특정 산출(Output) 및 투입(Input) 요소들을 확인하는 방향으로 나아가는 것이다.

이 장에서는 소위 '백워드 설계(backward design)'라는 방법을 통해 미션에서 확인된 학생 학습의 가장 중요한 목표인 초교과적 교육효과를 분석하는 데 집중하려고 한다. 교과팀이 전통적인 교과 영역의 목표를 다루는 반면, 초교과적 교육효과와 관련한 작업에는 교과와 전체 학년을 가로지르는 실행계획이 필요하다. 백워드 설계를 통해 그러한 신중한 실행계획을 얻을 수 있다.

백워드 설계

백워드 설계(backward design)란 기본적으로 목표 달성을 위한 노력을 시작하기에 앞서 이상적인 결과를 명확하게 규정하고 그 지점을 생각하면서 계획을 수립하도록 돕는 프로세스이다. 그랜트 위긴스(Grant Wiggins)와 제이 맥타이(Jay McTighe)는 『거꾸로 생각하는 교육과정 개발(Understanding by Design)』(2005)이라는 책에서 백워드 설계 개념을 알리며 교육과정에 대한 백워드 설계 3단계 프로세스를 제안했다. 교육과정과 관련해 백워드 설계에 친숙해지면 규모가 훨씬 더 큰 교육정책에도 그것을 잘 활용할 수 있을 것이다.

교육과정 개발

희망하는 결과에서 시작해 교육과정을 역순으로 설계한다는 개념은 전혀 새로운 것이 아니다. 그것은 교육자들에게 던지는 본질적 질문 세 가지로 요약할 수 있다(DuFour, DuFour, & Eaker, 2008). 첫째,

학생들이 무엇을 배우기를 원하는가? 둘째, 그들이 그것을 배웠다는 것을 어떻게 알 수 있는가? 셋째, 그들이 그것을 배울 수 있도록 어떻게 도울 것인가? 이 질문들은 백워드 설계 3단계의 의도와 순서를 요약한 것이다(Wiggins & McTighe, 2005). 다음은 각 단계별 요약이다.

1. **바라는 결과가 무엇인지 확인한다** 설계 과정의 첫 단계에서는 장기목표와 교육의 우선순위를 명확히 하는 것이 필요하다. 교사는 이미 설정되어 있는 학업기준 관련 학습성과(예: 21세기 역량)를 토대로 장기목표를 구상한다. 아울러 학생들에게 이해시키고자 하는 '대개념(big ideas)'을 확인하고 그것과 관련된 본질적 질문을 나란히 배치한다. 끝으로, 좀 더 구체적인 지식과 스킬 목표를 확인한다.

2. **평가증거를 결정한다** 2단계에서 교사는 수업 및 활동 계획을 세우는 3단계에 들어가기 '앞서' 평가자 입장에서 생각해본다. 이는 1단계에서 목표로 설정한 학습성과를 성취했는지 확인하기 위한 평가증거를 교사가 생각해보게 하는 방식이다. 그렇게 함으로써 수업의 초점을 좀 더 분명히 할 수 있다.

3. **학습경험 및 수업을 계획한다** 학습성과를 분명하게 정하고 적절한 평가증거를 염두에 두게 되면, 교사는 이제 학습자들을 위한 최적의 교수활동을 계획할 수 있다. 이는 목표로 하는

지식과 스킬을 습득하고, 중요한 개념을 이해하며, 배운 내용을 의미 있게 적용할 수 있도록 학습자를 돕기 위한 교수활동이다.

교육과정 설계에서 백워드 설계 방식을 잘 적용하면 목표를 좀 더 명확하게 규정할 수 있고, 적절한 평가를 할 수 있으며, 목적에 맞는 수업을 할 수 있다. 그러나 교사들을 관찰해보면 교육과정을 설계할 때 늘 이런 방식을 따르지는 않는다. 오히려 일부 교사들은 장기목표와 평가증거를 사전에 생각해보지도 않은 채 1단계에서 3단계로 건너뛰어 그날그날의 수업과 학습활동을 계획하는 경향이 있다. 이러한 교사들은 백워드 설계를 통해 기존의 익숙한 설계 관행에서 벗어날 필요가 있다.

교육정책

백워드 설계는 교육과정 개발에만 적용되는 것이 아니다. 실제로 그것은 조직 차원의 계획을 세울 때도 큰 도움이 되며, 21세기 학습을 포함해 교육정책을 세울 때에도 활용할 수 있다. 미래지향적 비전의 구현을 위해 학교와 학구를 개혁하는 과정에서도, 교육과정이 아닌 포괄적인 계획이라는 점에서 약간의 차이가 있기는 하지만, 백워드 설계 논리를 적용하면 똑같은 3단계 과정을 거치게 된다.

1단계: 바라는 결과가 무엇인지 확인한다

이 첫 번째 단계에서는 학생에게 기대하는 구체적인 성과와 같이 교육효과의 측면에서 21세기 학습을 위한 비전과 장기 미션을 설정한다. 또, 제안된 개혁에 대해 다양한 구성원(교사, 학부모, 학생, 이사진, 공동체 등)이 이해해야 한다는 점을 고려해서, 본질적 문제를 중심으로 노력을 집중할 수 있도록 계획의 골격을 세운다.

2단계: 성공의 증거를 무엇으로 볼 것인지 정한다

2단계에서는 구체적인 실행계획을 세우기에 '앞서' 평가자 입장에서 생각해본다. 백워드 설계 접근법에서는 비전을 실현하고 있음을 보여줄 만한 증거에 관해 깊이 생각해봐야 한다. 앞에서 언급했듯이 증거는 투입이나 산출이 아닌 교육효과에 주로 초점을 둔 것이어야 한다. 이렇게 해서 백워드 설계는 평가를 그저 과제가 끝난 뒤에 하는 것으로 여기는 일반적인 관행에서 벗어난다. 성공지표는 학생 수행의 측면에서 명확하게 구체화되어야 한다. 또 다음과 같은 평가자의 질문에 익숙해질 필요가 있다. 희망하는 결과를 얻었다면 그것을 어떻게 알 수 있는가? 성공했다는 것을 무엇을 통해 알 수 있는가? 목표와 현실의 간극을 가늠하기 위해 목표 관련 기준선(baseline)을 처음부터 설정한다면 어떤 데이터들이 필요한가? 이 증거를 어떻게 수집하는가? 도중에 진척 상황을 어떻게 추적할 것인가?

이러한 질문과 그 답변은 현명한 계획의 수립뿐 아니라 미션과 (학생들이 학습을 통해 보여줄 것으로 기대하는) 교육효과를 확실하게 이해하기 위해서도 필수적이다. 명확하고 적절한 증거를 염두에 두어야만 진전 상황을 가늠할 수 있고, 또 언제 실행방식을 조절할 필요가 있는지 알 수 있다. 일이 끝날 때까지 기다렸다가 그 결과를 보려 한다면 너무 늦다.

교육효과에 관한 증거 외에도 투입과 산출에 관련된 증거, 예컨대 기대하는 교육효과에 도달하기 위해 학생의 학습에 대해 취하는 실행방안들도 모아야 한다. 이와 관련해 다음과 같은 질문을 해볼 수 있다. 무엇을 교직원의 이해와 숙련도의 증거로 받아들일 것인가? 목표 달성을 위한 계획을 적기에 조정하려면 어떤 피드백 시스템을 활용할 것인가? 목표 달성을 위해서는 어떤 투입이 필요한가?

3단계: 실행계획을 세운다

명확하게 확정된 교육효과와 적절한 증거를 염두에 둔 채, 이제 목표 달성에 필요한 실행계획을 세울 차례이다. 3단계에서 이루어지는 전통적인 실행계획은 다음과 같은 질문을 바탕으로 한다. 어떤 실행방법을 택할 것인가? 일정을 어떻게 짤 것인가? 다양한 실행을 이끌 책임자는 누구인가? 목표를 달성하기 위해서는 어떤 자원이 필요한가? 어떤 전문적 개발과 지원이 필요하겠는가?

바라는 결과와 교육효과에 대한 구체적 증거를 정한 '후에' 전략과 실행방법의 선택, 활동 순서, 자원 배치 등과 같은 구체적인 사항들을 결정한다는 점이 중요하다. 성급하게 수업 및 학습활동을 계획하는 단계로 뛰어들지 않도록 교사들이 주의해야 하는 것과 마찬가지로, 교육계의 열정적인 리더들도 앞서 1단계와 2단계의 핵심 질문

〈표 3. 1〉 교육과정 개발과 교육정책의 백워드 설계 비교

	교육과정 개발	교육정책
1단계: 바라는 결과 확인하기		
목표	단원별 학생 학습의 성과	학구, 학교, 부서별 포괄적인 교육효과의 최종 성과
이해	학생이 습득해야 할 바람직한 수준의 이해	다양한 구성원이 교육효과를 성취해야 하는 합리적 근거(rationale)와 공통된 이해
본질적 질문	목표로 정한 이해 수준에 도달하기 위해 학생들의 탐구를 촉진할 만한 핵심 질문	구성원들의 이해를 높이고 실행에 집중하도록 돕는 핵심 질문
지식과 스킬	학생들이 습득해야 하는 지식과 스킬	3단계 실행계획 세우기의 일환으로, 정책 내용의 실현을 위해 교직원들에게 필요한 지식과 스킬
2단계: 성공의 증거 정하기		
수행 과제	이해, 지식, 스킬 면에서 설정된 목표 수준에 도달했음을 보여주는 학생 시연과 수행	학생의 수행에 근거해 교육효과를 입증할 수 있는 증거의 유형과 출처
기타 증거	특정 지식과 스킬을 습득한 증거가 되는 전통적인 평가(시험, 스킬 검사)	실행계획 3단계에 기술된 활동과 같은, 최종 성과와 투입의 효율성을 보여주는 증거
3단계: 실행계획 세우기		
실행계획	단원목표(1단계)를 성취했음을 보여주는 적절한 증거(2단계)를 제시하도록 학생들을 준비시키는 학습활동	기대하는 교육효과를 성취하는 데 필요한 핵심 활동과 자원(이는 산출과 그와 연관된 투입으로 구분된다)
정렬	단원 계획의 모든 측면의 정렬	교육효과 달성에 필요한 다양한 교육 및 운영 시스템의 정렬

들을 신중하게 검토하기도 전에 3단계의 실행계획을 세우는 일에 뛰어들지 않도록 유의해야 한다.

정리를 위해 앞의 〈표 3. 1〉에서 교육과정 개발과 교육정책의 백워드 설계를 비교해보았다. 좀 더 넓은 범위의 구체적인 산출물(products)에 따라 실행계획들을 분류해보면, 실행계획의 초점을 도달 가능한 결과에 맞출 수 있다. 이렇게 해서 실행계획을 위한 IOI(투입-산출-교육효과) 프레임워크가 완성된다.

백워드 설계 템플릿

『백워드로 시작하는 창의적인 학교교육과정 설계(Schooling by Design)』(Wiggins & McTighe, 2007)라는 책에는 체계적인 계획을 안내하기 위한 백워드 설계 템플릿이 소개된다. 여기서는 기본 템플릿을 변형해서, 기대하는 초교과적 교육효과들을 알기 쉽게 풀어내고 적절한 실행계획 설계 과정을 안내한다. [도표 3. 1]은 각 요소에서 고려해야 할 정의와 질문이 담긴 변형된 백워드 설계 템플릿이다.

앞에서 언급한 바와 같이 백워드 설계 접근법은 전통적인 교과에서의 성과뿐 아니라 교과를 초월한, 미션이 이끄는 교육효과 차원에서 실행계획을 개발하는 데도 사용될 수 있다.

[도표 3. 1] 백워드 설계 템플릿

1단계: 바라는 결과 확인하기

교육효과

교육효과라는 목표는 학교교육을 통해 도달하고자 하는 성과를 나타낸다. 교육효과에는 수학 같은 교과 영역뿐 아니라 자기주도학습과 같이 교과를 초월한 영역에서의 성과도 포함될 수 있다.

다음을 생각해보시오.
- 미래의 트렌드와 동인이 교육에서 함의하는 바는 무엇인가?
- 우리의 비전은 무엇인가? 미션은 무엇인가?
- 학생의 학습에서 기대하는 구체적인 교육효과는 무엇인가?

교육효과 목표를 아래에 열거하시오.

_____

_____

_____

이해

완전한 문장으로 이루어진 이러한 진술을 보면, 다양한 참여집단(교사, 부모, 행정가, 학생, 정책 입안자 등)이 학교교육의 미래와 그것을 구현하는 데 필요한 변화를 이해하기 위해서 무엇을 필요로 하는지 알 수 있다.

다음을 생각해보시오.
- 이러한 교육효과가 학생들에게 중요한 이유는 무엇인가?
- 그것을 성취하는 데 필요한 변화에 관해 우리가 아는 바는 무엇인가?

이해한 점을 아래에 열거하시오.

_____

_____

_____

본질적 질문

이러한 열린 질문을 통해 다양한 참여집단이 교육의 미래와 그것을 구현하는 데 필요한 변화에 대해 공동의 비전을 갖게 된다.

다음을 생각해보시오.
- 미래학습에 대한 공동의 비전을 어떻게 개발할 수 있는가?
- 비전을 실현하려면 다양한 참여집단이 어떤 이해와 태도를 가져야 하는가?

본질적 질문을 아래에 열거하시오.

_____

_____

_____

2단계: 성공의 증거 정하기

교육효과의 증거
학생의 학습에 대한 구체적인 증거는
앞서 1단계에서 확인된 교육효과를
토대로 한다.

다음을 생각해보시오.
- 학생의 학습과 수행에 대한 어떤
  증거를 성공의 증거로 여길 것인가?
- 목표로 설정된 교육효과를 학생들이
  어느 정도 성취했는지 평가하기 위해
  어떤 구체적인 성과지표와 준거를
  사용할 것인가?

교육효과의 증거를 아래에 열거하시오.

_____

_____

_____

증거의 출처
이러한 다양한 평가와 기타 증거자료는
교육효과를 입증하는 데 필요하다.

다음을 생각해보시오.
- 학습이나 수행을 평가하기 위해 어떤
  측정도구를 쓸 것인가?
- 필요한 증거를 어떻게 얻을 것인가?
- 가장 쉽게 측정할 수 있는 성과뿐
  아니라 모든 교육효과를 적절하게
  평가하는 방법은 무엇인가?

증거의 출처를 아래에 열거하시오.

_____

_____

_____

기타 증거
조직의 투입과 산출에 대한 데이터는
다양한 출처의 증거자료에서 수집되어야
한다.

다음을 생각해보시오.
- 단기 및 장기 실행과 그 결과의 효과를
  측정하기 위해 어떤 도구를 쓸 것인가?
- 진행 과정에서 계속 조정해가도록
  인도하려면 어떤 피드백이 필요한가?

기타 증거를 아래에 열거하시오.

_____

_____

_____

투입과 산출의 상관관계
투입과 산출을 평가하기 위해서는
다양한 평가와 기타 증거자료가
필요하다.

다음을 생각해보시오.
- 단기 및 장기 실행과 그 결과의 효과성
  검증을 위해 필요한 증거를 어떻게
  모을 것인가?

상관관계를 아래에 열거하시오.

_____

_____

_____

3단계: 실행계획 세우기

실행단계

기대하는 교육효과를 얻기 위해서는 조직 차원의 주요 실행계획을 대략적으로 정리할 필요가 있다. 실행계획에서는 산출(예: 교육과정 개정, 통지표 변경)과 거기에 필요한 다양한 투입 요소(예: 훈련과 자원 배분)를 구분한다.

다음을 생각해보시오.
- 우리가 성취해야 할 주요 프로그램 및 조직 전체의 변화(산출)는 무엇이며, 프로세스와 시간, 자원(투입)을 고려할 때 이러한 변화를 어떻게 달성할 것인가?

실행단계를 아래에 열거하시오.

_____
_____
_____
_____
_____
_____
_____

산출	투입
산출은 목표로 정한 교육효과를 추구하는 과정에서 개발된 구체적인 결과물(교육과정 개정, 통지표 변경)이다.	투입은 조직에서 수행할 다양한 실행계획이며 이를 지원하는 데 필요한 자원이다.

산출

산출은 목표로 정한 교육효과를 추구하는 과정에서 개발된 구체적인 결과물(교육과정 개정, 통지표 변경)이다.

다음을 생각해보시오.
- 이러한 교육효과를 달성하는 데 가장 적합한 주요 구조적 요소는 무엇인가?
- 어떤 프로그램이 적합한가?
- 이러한 프로그램에 필요한 지원
  (예: 전문적 학습, 의사소통, 물리적 공간 등)은 무엇인가?

산출을 아래에 열거하시오.

_____
_____

투입

투입은 조직에서 수행할 다양한 실행계획이며 이를 지원하는 데 필요한 자원이다.

다음을 생각해보시오.
- 확정된 산출을 얻는 데 필요한 단계나 프로세스는 무엇인가?
- 누가 어떻게 실행해야 하는가?
- 확정된 산출물을 얻으려면 어떤 자원이 필요하겠는가?

투입을 아래에 열거하시오.

_____
_____
_____

시스템에 대한 시사점

기대하는 교육효과를 얻기 위해서는 조직 전체의 다양한 시스템이 반드시 함께 작동하는 방식을 찾아야 한다. 이 점을 처음부터 잘 고려해서, 목표로 설정된 교육효과를 달성하는 데 각 시스템이 통합되고 정렬될 수 있도록 하는 것이 중요하다.

다음을 생각해보시오.
• 모든 시스템이 올바르게 정렬되어 있는가?
• 동기화되지 않거나 필요한 조치를 지원하지 못하는 시스템이 있는가?
• 목표로 삼은 교육효과를 달성하고 필요한 투입과 산출을 지원하려면 어떤 재정렬이 필요하겠는가?

모든 시스템이 잘 정렬돼 있는 계획을 아래에 쓰시오.

교육과정:
평가:
수업:
성적:
통지:
소통:
전문적 학습:
인사(채용, 역할, 평가 등):
일정:
자원:
기타:

출처: Wiggins & McTighe(2007)에서 응용

사례연구: 자기주도학습자 육성하기

많은 학교와 학구에서 학생들을 자기주도학습자로 육성하는 데 전력을 다하겠다고 호언한다. 그런 문구가 미션선언문에 포함되면 사람들이 고개를 끄덕이며 좋아하겠지만, 실제로 교육프로그램이 그러한 결과를 달성하기 위해 어느 정도나 계획되었는지 반드시 따져봐야 한다. 백워드 설계가 그러한 교육효과를 어떻게 계획적으로 구체화해가는지 숙고해보자. 다음은 그 프로세스의 단계별 사례이다.

1단계

시작 단계부터 모든 참여자가 백워드 설계 프로세스를 이해하고『백워드로 시작하는 창의적인 학교교육과정 설계(Schooling by Design)』에 소개된 수정된 템플릿에도 친숙해지는 것이 중요하다. 대체로 참여자는 미래지향적 비전과 미션을 정의하는 데 참가했던 교육자와 공동체 구성원들이다. 그들이 이 프로세스를 지속하려면 초교과적 교육효과가 어떻게 도출되는지를 이해하는 것이 중요하다. 아울러 후속 토론을 이끌어줄 촉진자(facilitator)를 미리 확보해두는 것이 좋다. 촉진자는 교직원 중에서 선발할 수도 있고 외부 컨설턴트로 정할 수도 있다. 촉진자는 백워드 설계 프로세스를 잘 알고 있어야 하고, 구조화된 과제(structured tasks)를 통해서 소모둠 토론을 원활하게 진행해본 경험이 풍부해야 한다. 또 전개되는 내용에 과도하게 영향을 미치지 않으면서도 참여자들이 토론에 몰두하도록 이끌 수 있어야 한다.

먼저, 이전 프로세스(제2장 참조)에서 확인한 직접적이고 단순한 교육효과—이 경우에는 학생들을 자기주도학습자로 길러내는 것—에서 시작한다. 그런데 그 같은 목표는 다양한 의미로 해석될 수 있으므로, 해당 학교 차원에서 그것이 의미하는 바가 무엇이며 왜 중요한지를 명확하게 확인하는 것이 필요하다. 그 일은 바로 목표의 정당한 근거가 반영된 핵심적인 이해와 본질적 질문들을 확인하는 일이기도 하다. 일단의 이해와 본질적 질문을 명확하게 표현하는 일은 교육효과를 명료하게 밝히기 위해서뿐만 아니라, 목표 달성을 위한 계획을 제대로 실행하는 과정에서 직면할 수밖에 없는 각종 어려움이나 딜레마, 조사연구를 확인하기 위해서도 중요하다. 이러한 이해와 본질적 질문들은 주요 실행단계를 안내하는 유용한 설계 매개변수(parameters)가 되기도 한다.

[도표 3. 2]는 자기주도학습자 육성이라는 교육효과 목표에 대한 몇 가지 가능한 이해와 본질적 질문의 예시이다.

1단계를 완료하는 데에는 오랜 시간이 걸리지 않는다. 대개 나중에 더 다듬을 수 있는 일차적인 이해와 본질적 질문을 생성하는 데는 한두 시간짜리 회의로도 충분할 것이다. 일단의 유용한 이해와 본질적 질문들이 만들어졌는지를 아는 방법은 간단하다. 프로세스에 처음 참여한 누군가가 그러한 이해와 본질적 질문들을 읽고 교육효과의 의미, 필요성, 그리고 거기에 포함된 복합적인 내용을 이해하는지를 보면 된다.

[도표 3. 2] 자기주도학습자 육성을 위한 이해와 본질적 질문의 예

1단계: 바라는 결과 확인하기

교육효과 목표
학생들이 자기주도학습자의 특성을 보여준다.

이해	본질적 질문
•자기주도학습은 높은 수준의 상위인지 능력(목표 설정, 계획, 자기평가 등) 및 성향(위험 감수, 인내심, 성찰 등)을 필요로 한다. •이러한 상위인지 능력과 마음습관은 명시적으로 가르치고 길러줘야 한다. •학습자들의 이러한 능력 개발을, 계획된 도구와 프로세스를 적절하게 도입해서 지원할 수 있다. •학생들이 자기주도성을 효과적으로 개발하려면 좀 더 개인화된 학습환경이 필요하다.	•학생들이 자기주도학습자가 되는 데 필요한 사고관점을 어떻게 길러줄 것인가? •필수적인 능력과 성향을 조화롭게 개발하려면 어떻게 해야 하는가? •이러한 능력의 개발에 도움이 되는 도구는 무엇인가? •좀 더 개인화되고 자기주도적인 학습이 이루어지려면 교수전략, 학습환경, 학교 구조 등에서 어떤 변화가 필요한가? •자기주도학습 능력 및 습관의 개발을 어떻게 평가하고 통지할 것인가?

이 단계가 완료되면 목표가 무엇을 의미하고 왜 중요한지에 대해 모두가 확실하게 이해하고 일치된 생각을 갖게 된다. 본질적 질문을 만드는 과정에서 참여자들은 실행계획과 실제 실행의 일부로 다룰 필요가 있는 중요한 요소들을 파헤치기 시작할 것이다. 1단계는 차후 실행의 기초가 된다는 점에서 중요하다.

2단계

2단계에서는 선정된 교육효과로의 진전 상황을 알게 해줄 증거의 유형과 출처를 확인한다. 기대하는 교육효과와 직결된 분명한 척도가 없다면, 목표한 일을 성취하고 있는지 어떻게 알 수 있겠는가? 이 말이 당연한 것 같겠지만, 놀랍게도 수많은 학구와 학교에서는 프로젝트기반 학습과 같은 프로그램을 단지 수행하는 것만으로도 교육효과 목표를 달성하는 데 성공했다고 '생각한다'. 하지만 그 프로그램(엄청난 투입에 따른 산출)이 특정 목표를 달성했다는 증거가 어디에 있는가? 단순히 무언가를 하고 있는 것이 좀 더 큰 목표를 달성했다는 증거는 아니다. 교육효과 달성의 증거와 성공의 척도에 초점을 두면 학구와 학교가 이러한 실수를 피하는 데 도움이 될 것이다.

증거의 유형과 출처를 확인하는 데에는 기존의 평가, 특히 전통적인 교과 영역의 교육효과 평가가 도움이 될 수 있다. 하지만 초교과적 교육효과를 고려하면 이 단계가 더 어려울 수도 있다. 학생들이 이와 관련된 능력을 보여줄 수는 있겠지만, 초교과적 교육효과에 대한 증거를 일관되게 포착할 수 있는 시스템을 갖춘 학구와 학교가 거의 없기 때문이다. 교육효과 목표가 중요하니 이것을 개발하는 것이 목표가 되어야 한다고 말하는 것과, 그러한 교육효과의 증거로 받아들일 만한 것을 정확하게 명시하라고 요구하는 것은 별개의 문제이다. 초교과적 교육효과를 가늠할 적절한 증거를 수집하려면 평가, 성적통지(다음 장들에서 살펴볼 요소들) 단계에서 새로운 방법을 적용할 여지가 매우 많기 때문에 문제는 더 복잡해진다.

게다가 현재 존재하지 않는 잠재적 증거자료들도 확인해야 한다. 이 과정에서 참여자는 앞으로의 계획 수립에 도움이 될 풍부한 증거자료를 만들어낼 수 있다. [도표 3. 3]은 자기주도학습이라는 교육효과 목표를 가늠할 만한 증거자료 예시이다.

[도표 3. 3] 자기주도학습자 육성을 위한 평가증거의 예

2단계: 성공의 증거 정하기	
교육효과의 증거 • 학습관리, 상위인지, 목표설정 도구의 활용에 대한 평가 • 학생들이 보여주는 바람직한 특성, 적성, 성향 • 개별적 목표 설정의 성과 • 그릿(grit, 열정적 끈기) 설문, 강점 찾기 도구 등을 이용한 객관적 자기평가와 상위인지적 성찰을 바탕으로 한 학생의 실행계획 • 기대하는 특성과 적성 측면에서 자신의 발전에 대한 학생의 성찰과 그에 대한 교사의 해석	**증거의 출처** • 상위인지 능력 및 성향에 대한 지표 관련 루브릭(rubric, 채점기준표) • 적절한 수행기반 과제와 접목시킨 평생 학습 능력 및 성향 • 자기주도성이 성공에 필요하다는 점에 주목해, 적절한 수업평가와 접목시킨 평생학습 능력 및 성향 • 목표 설정 프로세스 • 교사, 학생, 또래의 지표 활용 • 교사의 해석 관련 지침이 포함된 학생의 자기 성찰 프로토콜 • 일반적인 학업 수행
기타 증거 • 목표 설정 프로세스에서 확인된 영역에서의 향상된 수행능력 • 자기주도학습자로 얼마나 성장하고 있는지 학생 스스로 보여주는 증거 • 학생, 교직원, 부모 인터뷰와 설문조사	

3단계

백워드 설계의 3단계에서는 목표로 설정한 초교과적 교육효과를 달성하기 위한 실행계획을 개발한다. 좋은 소식은 까다로운 작업은 이미 1단계와 2단계에서 끝났다는 것이다. 앞서 자기주도학습자 육성을 위한 이해와 본질적 질문을 확인함으로써 교육과정 설계의 핵심 요소들을 분명하게 나타낼 수 있었고, 성공의 증거와 지표 및 출처를 고려함으로써 어떤 평가가 필요한지 결정할 수 있는 토대를 마련했다. 그렇다면 실행계획을 세우는 일은 비교적 간단하다. 이 지점에

이르면 대개 안도의 숨을 쉬게 되는데, 그 이유는 프로세스가 더 단순해지고 전통적인 계획수립 과정과 유사하기 때문이다.

[도표 3. 4]는 자기주도학습자 육성이라는 교육효과 목표를 위한 초기 실행계획을 예시하고 있다. 핵심적인 산출 요소들을 확인하고 그것들을 연관된 투입 요소별로 나누었다는 점에 유의하자.

후속작업을 위해서는, 계획한 산출과 투입을 더 완벽한 실행계획을 만드는 방향으로 확장할 수 있다. 첫 번째 주요 산출 요소들을 분석해 그것들의 개발 단계와 단계별 산출물들을 살펴보자([도표 3. 5]). 여기서 하려는 것은 교육효과 측면에서 가르칠 수 있고 배울 수 있으며 평가할 수 있는 무언가를 만들어내는 것이다. 이 정도로 상세하지 않으면 계획을 효과적으로 실행할 수 없으며, 우리는 여전히 막연한 열망의 수준에 머무르고 말 것이다.

시스템에 대한 시사점

학교나 학구의 여러 시스템과 관련해 전략계획들이 따로따로 개발되는 경우를 흔히 볼 수 있다. 예를 들어 학교의 교육과정개발 5개년 계획, 전문성개발 3개년 계획, 학교개선 연례계획, 부서별 계획 등이 그것이다. 하지만 전체적인 전략계획의 초점은 기대하는 교육효과의 달성에 있어야 하며, 조직 내의 각 시스템이나 부서는 그 역할이 이러한 목표 달성을 지원하는 데 있음을 이해해야 한다. 따라서 실행계획 수립 프로세스에서 가장 중요한 것은 학교의 비전과 미션을 통해 얻고자 하는 주요 교육효과를 지원하는 방향으로 모든 시스템이

[도표 3. 4] 자기주도학습자 육성을 위한 투입과 산출의 예

3단계: 실행계획 세우기
실행단계 필요한 구체적 실행과 순서의 목록을 만든다. 책임자(들), 완성일, 필요한 자원, 실행에 필요한 기타 세부사항 등

산출	투입
다음 내용을 포함해, 교육과정과 평가시스템 내에서 분명하고 실행 가능한 기본 요소들을 개발한다. • 평생학습 관련 핵심능력에 관한 조작적 정의 • 평생학습능력과 관련해 발달단계에 적합한 수행지표 • 평생학습능력에 관한 가장 중요한 이해와 본질적 질문들 다음 내용을 포함해, 좀 더 자기주도적인 학습환경을 조성하는 데 필요한 핵심 수업 방식 및 구조를 확인한다. • 평생학습능력의 개발을 가장 잘 촉진할 수 있는 수업 방식 • 능력 개발을 명확히 드러내주는 학생용 도구 모음 • 구조적으로 추후 조정이 필요한 난제와 변화 목록(일정, 코스 구성, 학급 내 모둠 구성, 성적통지 등)	• 학교 또는 학구의 관계자들로 여러 작업모둠을 만든다. • 촉진자가 이끄는 워크숍에 이들 모둠이 참여해 핵심능력을 확인하게 한다. • 또 연속적인 발달단계상에서 적절한 수행지표를 확인하게 한다. • 초안을 모아서 대조해보고, 그것을 의결단체에 피드백용 자료로 제공한다. • 작업모둠들은 피드백 내용을 종합해 교사들이 적용해볼 수 있는 지표에 합의한다. • 이 영역에서 선임교사들로 소규모의 연구개발(R&D)그룹을 만든다. • R&D그룹에서는 기존 모형을 포함해 초기의 접근법들을 연구하고 확인한다. • 가능하다면, 자기주도학습자 육성을 명시적 목표로 삼는 학교를 R&D그룹에서 직접 방문해 성공사례와 수업을 관찰한다. • R&D그룹은 학생들의 능력 신장에 도움이 될 만한 잠재적 도구들을 연구하고 그 사례를 수집한다. • R&D그룹은 반드시 수준 높은 실행(가장 쉽게 최상의 교육효과를 실현할 수 있는 것들)의 목록을 다듬는다. • 추후의 실행을 위해 R&D그룹은 행정팀에 여러 가지 수업 방식을 제안할 수 있다.

[도표 3. 5] 자기주도학습자 육성을 위한 실행계획의 예

산출	연관된 투입	자원	책임자	완성일
•평생학습 관련 핵심 능력에 대한 조작적 정의 •평생학습 능력과 관련해 발달단계에 적합한 수행지표 •평생학습 능력에 관한 가장 중요한 이해와 본질적 질문들	학교 및 학구 교직원들로 여러 작업모둠을 만든다.	(필요에 따라) 학교 교직원들을 위한 자유시간 (X달러 소요)	교육과정 리더	2015년 2월
	촉진자가 이끄는 워크숍에 이들 모둠이 참여해 핵심능력을 확인할 수 있게 한다.	(필요에 따라) 워크숍 촉진자, 학교 교직원들을 위한 자유시간 (X달러 소요)	촉진자	2015년 3월
	습득해야 할 능력에 따라 상위 모둠을 더 작은 작업 모둠으로 나눈다.	인쇄 및 배포 포함, 보조자료와 모형들 (X달러 소요)	교육과정 리더	2015년 3월
	작업모둠은 폭넓은 발달 선상을 따라 적합한 지표를 확인하는 프로세스를 거친다.	없음	교육과정 리더 지원그룹 촉진자들	2015년 5월
	작업물을 수집·검토해서 그것을 상위의 더 큰 작업 모둠에 넘긴다.	없음	교육과정 리더	2015년 5월
	소규모 작업모둠으로 나눠지기 전의 대모둠으로 다시 합쳐서, 개발된 지표를 검토하고 교사들과 함께 잠정안에 합의토록 한다.	(필요에 따라) 학교 교직원들을 위한 자유시간(X달러 소요)	교육과정 리더	2015년 6월

정렬되도록 하는 것이다. [도표 3. 6]은 자기주도학습이라는 교육효과와 관련해 시스템에 주는 시사점들을 예시한다.

[도표 3. 6] 자기주도학습자 육성을 위한 시스템 차원 시사점의 예

시스템에 대한 시사점 • 어떻게 모든 부서가 미션을 성취하는 데 공헌하도록 할 것인가? • 모든 시스템이 이러한 목표를 향해 정렬되어 있는가?
교육과정: • 자기주도학습을 단원목표, 이해, 본질적 질문들과 통합하라. • 교육과정 매핑시스템(mapping system)을 적용해 자기주도학습능력이 전체 학년과 과목에 두루 포함될 수 있도록 하라.
평가: • 현재의 평가를 분석하여 자기주도학습능력과 접목할 수 있는 잠재적인 영역을 확인하라. • 자기주도학습능력을 정기적으로 평가할 수행 지표를 개발하고 활용하라.
수업: • 자기주도학습능력을 개발하기 위해 고안한 수업 방식을 정기적으로 활용하라. • 자기주도학습능력에 기초한 수업에서 나타나는 격차를 확인하고 그것을 해소할 계획을 세우라. • 학생들이 자기주도학습능력(예: 좀 더 개인화된 학습)을 기르고 평가할 수 있는 기회를 늘려라.
성적: • 자기주도학습 관련 수행지표를 별도의 평가항목으로 설정하라.
통지: • 자기주도학습을 학생의 학습에 관한 통지 내용의 일부로 포함시켜라. • 학부모 회의에서 자기주도학습의 목표를 제시하라.
소통: • 학부모와 공동체에 자기주도학습 관련 정보를 제공하고 이들을 교육하는 지속적인 소통 계획을 개발하고 실행하라.
전문학습: • 교사들에게 자기주도학습을 위한 수업 및 평가 방법에 관한 전문적인 학습기회를 제공하라.

모든 단계의 정렬

학교는 시스템 전반에 걸친 정렬 이외에도 모든 단계를 한 방향으로 정렬해야 한다. (교육과정 설계이든 학구 차원의 목표 구현이든) 백워드 설계의 핵심기능은 그러한 정렬에 있다. 2단계에서 확인한 평가증거의 출처는 1단계에서 명시한 목표 및 이해와 연결되어야 한다. 마찬가지로, 3단계에서 제안한 실행은 2단계에서 기대하는 학생의 수행과 1단계에서 설정한 목표로 체계적으로 이어져야만 한다.

이처럼 정렬상태를 점검하는 것은 모든 부분이 서로 지지하는 관계임을 확인하는 과정이 된다. 교육과정 계획 또는 교육정책 계획의 정렬상태를 확인할 수 있는 간단하고도 효율적인 기법이 있다. 백워드 설계 계획 초안을 작성한 후, 1단계 목표를 가리고 2단계(평가증거의 수집계획)의 평가와 지표를 동료나 팀에게 보여줘라. 그런 다음 구성원들에게 2단계만을 근거로 해서 목표(기대하는 교육효과)가 무엇이겠는지 물어보라. 만일 그들이 목표를 예측하지 못하거나 일부만을 인지한다면, 목표로 설정한 교육효과와 평가는 제대로 정렬되어 있지 않은 것이다. 동일한 기법을 3단계에 적용해 실행계획만 보여주고 1단계의 목표를 추정하도록 할 수도 있다. 이러한 정렬 점검 기법은 교육효과를 투입 및 산출과 구별하는 데에도 도움이 된다.

결론

학교의 변화가 시급하다. 그러나 주요 목표를 성취하려는 노력을 한 곳으로 모으려면 적절한 단계를 거쳐야 하고 또 목표 지향적으로 설계해야 한다. 신중하게 접근할수록 성공 가능성이 높아진다. 따라서 이 장에서 설명한 백워드 설계 프로세스는 실행계획 수립에 성급하게 뛰어들지 '않고' 목표와 그 성공의 증거에 대해 좀 더 숙고할 수 있게 도와준다. 또 백워드 설계는 바라는 결과를 지원하는 방향으로 모든 시스템을 정렬할 수 있도록 해준다. 그것은 다양한 교육환경에서 성공적으로 활용해온 "빨리 가려면 천천히 가라"는 방법이기도 하다. 이는 미래학습을 위한 시스템을 만드는 데 도움이 될 것이다.

다음 4개 장에서는 백워드 설계의 각 단계—교육과정(1단계: 바라는 결과 확인하기), 평가(2단계: 성공의 증거 정하기), 수업(3단계: 실행계획 세우기), 통지(시스템에 대한 시사점과 정렬)—에서 확인된 교육효과와 관련해 가장 중요한 시스템들을 검토한다. IOI는 단지 투입과 산출이 아니라 교육효과에 집중한 실행계획을 세우는 데 중요하다. 이 책의 나머지 부분에서는 기대하는 교육효과에 교육과정, 평가, 수업, 통지시스템을 정렬시키는 백워드 설계 활용 프로세스에 대해 다룰 것이다.

제4장

미래학습을 위한 교육과정

21세기 교육과정의 기본 요소는 무엇이며 어떻게 개발할까?

'교육과정(curriculum)'이라는 용어의 라틴어 어원은 대략 '주행할 코스'로 번역된다. 교육과정을 목적지까지의 코스 또는 경로로 생각하는 것은 유용하다. 전통적인 교과영역은 물론이고 교과를 초월하는 영역에 이르기까지 학생들의 학습에서 성취하기를 기대하는 교육효과가 우리의 목적지를 정한다. 이 장에서는 백워드 설계 프로세스의 1단계, 즉 비전과 미션을 조작적으로 정의할 방법을 모색해서 바라는 결과를 확인하고, 그럼으로써 포괄적이고 정렬된 교육과정을 설계하는 방법을 탐구한다. 먼저, 교육과정 매핑의 역사를 살펴보자.

21세기 교육과정 매핑

교육과정 매핑(mapping)은 전 학년에 걸쳐 일관성 있고 수직적으로 정렬된 교육과정을 확보하기 위해 정립된 프로세스이다. 이 아이디어는 하이디 헤이스 제이컵스(Heidi Hayes Jacobs)의 연구를 통해 1990년대에 주목받기 시작했는데, 우리는 1997년 제이컵스의 초기 작이 출판된 이래 교육과정 매핑 프로세스가 진화해온 과정을 지켜보았다.

1세대 교육과정 매핑은 교사들이 가르친 단원 주제와 스킬(skills)을 파악하기 위해 '일기 맵(diary map)'을 만드는 것이었다. 교사들은 해당 단원 주제와 스킬을 언제, 얼마 동안 가르쳤는지를 달력 맵(calendar map)에 표시해 시각화했다. 그런 다음 같은 학년, 같은 과목을 맡은 교사들이 만나 각자 작성한 맵을 공유하고, 빠진 내용(가령, "고등학교 영어시간에 연구논문 쓰는 방법을 가르치는 교사가 아무도 없다")뿐 아니라 쓸데없이 중복된 부분(가령, 공룡에 대한 단원을 '유치원과 2학년'에서 가르친다)을 찾아냈다. 이러한 개별 맵의 검토와 분석은, 한 팀의 교사들이 모든 학급에 걸쳐 한층 일관성 있게 가르칠 수 있도록 전체 교육과정 내용과 교육 순서를 합의한, 합의 맵(consensus maps) 개발로 이어졌다(Jacobs, 2004). 그런 다음 종적(縱的)으로 묶인 교사팀에서 학년 맵과 학과목 맵을 검토함으로써, 교사들은 전

학년에 걸친 교육과정을 더 효과적으로 정렬할 수 있었다.

2세대 교육과정 매핑은 주(州)와 국가 수준에서 교사가 따라야 할 성취기준(예를 들면, 미국의 주[국가]공통핵심성취기준Common Core State Standards, CCSS-옮긴이)을 개발하면서 등장했다. 이러한 성취기준은 그 자체로 교육과정은 아니지만 다양한 학년과 학과목에서 학생들이 배워야 할 지식과 스킬을 명시한다. 이렇게 해서 매핑은 확립된 성취기준에 기반한 교육과정을 위한 스코프(scope, 교수 범위)와 시퀀스(sequence, 교수 순서)를 확인하는 프로세스가 되었다. 더 큰 학구에서는 학교 수준의 개별 교사가 아니라 교육과정위원회에서 합의를 통해 성취기준기반 교육과정 맵을 만드는 경우가 많았다. 일부 학구와 학교에서는 교사가 지정된 주제와 스킬을 가르치는 데 필요한 시간을 명시한 진도 지침을 교육과정 맵과 묶어 제시하기도 했다.

커리큘럼매퍼(Curriculum Mapper), 아틀라스루비콘(Atlas Rubicon)과 같은 소프트웨어 매핑프로그램의 등장으로 교사는 전자매체를 활용해 각종 맵을 입력·저장하고, 다양한 보고서의 정렬 상태를 확인할 수 있게 되었다. 전자 매핑은 파일철로 묶은 종이 출력물보다 두 가지 면에서 중요한 이점을 지닌다. 첫째, 교사와 관리자, 경우에 따라 부모와 학생도 교육과정 맵에 쉽게 접근할 수 있다. 둘째, 교육과정을 신속하게 업데이트할 수 있다. 접근이 쉽지 않은 교육과정은 소위 '휴면상태'가 되고 만다. 교육과정에서 제시해야 할 방향성도 명확성도 결여된, 먼지 쌓인 파일철 더미로 전락하는 것이다. 특히 팽창을 거듭하는 지식기반의 급변하는 세계에서, 교육과정은 살아 있는 문서이자 프로세스로 간주되어야 한다. 그때그때 수정하고 업데이트할 여력이 없으면 교육과정 문서는 이내 낡은 것이 되고 만다.

2세대 교육과정 매핑과 진도 지침의 목적은 교육과정의 일관성을 유지하고 전 학년에 걸쳐 교육과정과 성취기준을 정렬시키는 데 있었다. 그러나 몇몇 학구와 학교에서 부작용이 목격됐다. 진도빼기 식으로 엄격하게 짜인 스코프와 시퀀스 맵은 그것에 열거된 분절적 지식과 스킬을 '겉핥기식으로' 가르치고 평가하는 방식을 부지불식간에 유도할 수 있다. 게다가 성취기준은 원래 전통적 학과목을 대상으로 개발되었기 때문에, 21세기 역량이라는 초교과적 목표는 기존 방식의 교수·평가에서는 배제되기 쉽다(Darling-Hammond, 2014; Jacobs, 2014a, 2014b, 2014c, 2014d 참조).

이러한 문제를 피하기 위해, 전통 교과 영역 내에서 분절적인 학년 수준 성취기준(지식과 스킬)을 스코프와 시퀀스로 늘어놓는 대신 3세대 교육과정 매핑을 제안하는 바이다. 미래의 교육과정은 교과 및 초교과 영역의 장기적인 교육효과에서 출발해 역방향으로 매핑되어야 한다. 더 구체적으로 말하면, 앞으로의 맵은 투입—가르치려고 계획한 지식과 스킬—이 아니라 우리가 추구하는 교육효과를 보여줄 성과에 대한 맵으로 옮겨 가야 한다.

교육과정 청사진

건설회사의 소유주는 건축자재를 현장에 직접 전달하지 않는다. 노동자들에게 이러저러하게 하라고 시킬 뿐이다. 그는 건축가와 상의

하는 것으로 작업을 시작하는데, 건축가는 소유주가 원하는 건물의 비전을 구체화하고 차후 진행될 건축과정을 안내하는 문서인 '청사진'을 개발할 책임을 맡는다. 이 접근법은 21세기 학습을 위한 교육과정 구축에도 적용될 수 있다. 실제로 우리에게는 학생들의 학업이 학년 안에서 그리고 전 학년에 걸쳐 일관되고 관련성 있게 이루어지도록 단원 및 차시 수업계획을 안내하는 비전이 필요하다. 교육과정 청사진은 비판적 사고력과 자기주도학습 같은 학습성과가 기존의 교수내용에 밀려 배제되지 않도록 기틀을 잡아주는 중요한 구실을 한다.

[도표 4. 1]은 두 부분으로 구성된 교육과정 청사진을 보여준다. 하나는 비전과 미션에서 도출된 '거시적' 교육과정으로, 교과적 및 초교과적 교육효과(전이목표), 포괄적인 이해와 본질적 질문, 주축이 되는 초석과제(cornerstone tasks)를 확정 짓는다. 또 하나는 학과목, 단원, 차시 수업 수준에서 실현될 '미시적' 교육과정이다.

비전과 미션 프로세스에 대해서는 이미 논했으므로, 교육과정 청사진의 각 요소를 장기적인 전이목표에서부터 탐구해보자.

전이목표로서의 교육효과

앞서 제2장에서 논의한 바와 같이 우리가 추구하는 교육효과의 중심에는, 배운 것을 그 맥락에서만이 아니라 다양한 상황에 적용할 수 있는 전이(transfer)능력이 있다. 스마트폰에서 구글링하면 세계의 수많은 정보에 즉각 접속할 수 있고, 새로운 기회와 도전이 넘쳐

[도표 4. 1] 교육과정 청사진

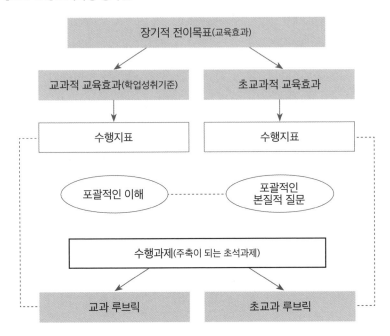

나는 요즘 이러한 전이능력은 특히 중요하다. 단순히 기존 지식을 기억해내도록 학습자를 준비시키는 것으로는 지금 이 시대를 위한 교육으로 더 이상 충분하지 않다. 따라서 전이목표에서는 장기적으로 추구하는 이해와 지식, 스킬의 효과적인 적용을 강조하며, 학생들이 학교 안팎에서 새로운 도전에 직면했을 때 그들이 해낼 수 있기를 바라는 것을 명확히 한다. 전미연구평의회(National Research Council)에서 발표한 『Education for Life and Work: Developing Transferable Knowledge and Skills in the 21st Century(삶과 일을

위한 교육: 21세기의 전이 가능한 지식과 스킬 개발하기)』(2012)에서는 전이목표를 21세기 학습의 본질로 간주한다.

우리는 '심층학습(deeper learning)'을 한 개인이 특정 상황에서 학습한 것을 새로운 상황에 적용할 수 있는 능력(전이능력)을 기르는 과정으로 정의한다. 심층학습(종종 협력학습과 공동체 내의 다른 사람들과의 상호작용이 포함됨)을 통해 개인은 지식 및 수행의 특정 영역에서 전문성을 개발한다. (……) 심층학습의 산물은 전이 가능한 지식으로, 여기에는 특정 영역의 내용지식뿐 아니라 질문에 답하고 문제를 해결하는 데 그 지식을 언제 어떻게 왜 적용할지에 관한 지식도 포함된다. 우리는 이와 같은 지식과 스킬을 합해 '21세기 역량'이라 일컫는다(p. 6).

조작적으로는, 즉 객관적이고 경험적으로 기술하자면 장기간 지속되는 전이효과는 과목별로는 소수일 뿐이며, 교과 전체에 걸쳐서도 얼마 되지 않는다. 예를 들어, 수학과목의 장기적인 교육효과는 학생들이 적절한 수학적 추론을 사용해 복잡하고 현실적인 문제를 해결할 수 있는 능력이다. 역사과목의 장기적인 교육효과는 학생들이 당대의 이슈를 고려할 때 역사의 교훈을 적용하는 것이다. 제3장에서 권고했듯이, 비판적 사고와 같은 초교과적 교육효과 또한 교육효과로 다루어야 한다. 예를 들어, 우리는 읽고 듣고 보는 모든 것을 있는 그대로 믿지 않는 비판적 사고자를 양성하고자 한다. 그들은 개방적이되 회의적인 시각을 지녀야 하며, 내용과 출처에 대해 비판적인 질문을 던지고 대안적 관점을 추구해야 한다.

전이의 또 다른 특성은 '자율적' 수행이다. 학습자들은 자신이 학습한 내용을 교과 영역 내에서나 교과 영역을 가로질러 독립적으로 적용할 수 있어야 한다. K-12(미국의 유치원부터 12학년에 이르는 유아·초등·중등교육-옮긴이) 교실 밖의 세계에서는 교수나 상사가 학습자의 손을 잡고 일일이 이끌어주지 않는다. 전이목표에서는 학생이 스킬과 전략, 도구를 현명하고 효과적으로 활용해 다양한 도전과제를 스스로 해결할 수 있기를 요구한다.

초교과적 교육효과의 예시는 21세기 역량 개발을 위한 파트너십(Partnership for 21st Century Skills) 컨소시엄(2009)에서 4Cs, 즉 비판적 사고(Critical Thinking), 창의성(Creativity), 협업(Collaboration), 의사소통(Communication)으로 제시한 바 있으며, 교과 수준 교육효과의 예시는 주[국가]공통핵심성취기준(CCSS)에서 찾아볼 수 있다. 대학 및 직업 준비도 프로그램 중 읽기와 쓰기에 대한 기초성취기준(The College and Career Readiness anchor standards for reading and writing)은 K-12 학교교육이 끝날 무렵 학생들이 고등교육이나 직장에서 성공하는 데 필요한 전이 수행의 유형을 명시하고 있다(National Governors Association Center for Best Practices [NGA] & Council of Chief State School Officers [CCSSO], 2010a). 다음은 이러한 기초성취기준 두 가지로, 학생들은 이와 같은 수행을 할 수 있어야 한다.

- 텍스트에 명시적으로 나와 있는 내용을 확인하고 그로부터 논리적 추론을 할 수 있도록 텍스트를 꼼꼼히 읽는다. 텍스트에서 도출한 결

론을 뒷받침하기 위해 글을 쓰거나 발언할 때 구체적인 텍스트 증거를 인용할 수 있다(CCRA.R.1).

- 실질적인 주제 또는 텍스트 분석에서 주장을 뒷받침하는 논거를 쓸 때 유효한 추론과 적절하고 충분한 증거를 댈 수 있다(CCRA.W.1).

요컨대 우리는 소수의 전이 교육효과를 특정 교과 및 초교과 영역에서 파악하고 그 같은 교육효과가 우리가 궁극적으로 추구하는 교육효과가 될 것을 제안한다. 교육과정은 우리가 바라는 교육효과로부터 백워드, 즉 역순으로(12학년에서 어린이집 단계로) 해당 교육효과를 달성하기 위해 '주행할 코스'를 도표화하는 식으로 매핑되어야 한다.

포괄적인 이해 및 본질적 질문

포괄적인 이해 및 본질적 질문은 건물의 비계(scaffolding, 飛階)처럼 교육과정이 학년 및 교과목 내 그리고 그 전반에 걸쳐 기대하는 교육효과를 추구할 수 있도록 지적인 '토대'를 제공한다. 이해와 본질적 질문을 동전의 양면으로 생각해보자. 본질적 질문을 탐구하는 데 학습자를 참여시킴으로써, 우리는 중요한 아이디어와 프로세스에 대한 이해를 발전시키고 심화시킬 수 있다.

이와 같은 요소는 거시적 교육과정 청사진에서 '포괄적인 것'으로 간주되는데, 이해는 본디 시간이 지남에 따라 발전되고 심화되기 때문이다. 학습자가 단일 단원 또는 단일 학년에서 이를 달성할 것이라고는 기대하지 않는다. 마찬가지로, 포괄적인 본질적 질문은 (특정 주제를 다루는 단일 단원에서 논의될 구체적인 질문과 비교할 때) 전체 학년에 걸쳐 탐구되고 재검토되어야 한다.

포괄적인 이해

학습한 내용을 새로운 상황에 적용할 수 있는 전이능력이 21세기 학교교육에서 바라는 교육효과라면 이해력을 키우는 것이 관건이다. 지식과 스킬을 무조건 암기하는 식의 학습으로는 충분하지 않다. 제대로 된 이해 없이는 배운 것을 새로운 상황에 적용할 수 없다. 따라서 교육과정 청사진에는 확인된 전이목표와 관련 있는 이해를 발전시키는 것이 포함된다. 이는 '학습을 효과적으로 전이하기 위해 학생들은 무엇을 이해해야 하는가?'라는 질문으로 요약할 수 있다.

이해한다는 것은 학생들이 습득해야 하는 중요한 대개념(big ideas)과 프로세스를 파악한다는 의미이다. 이해는 그 범위에 있어 차이가 있을 수 있다. 교과적 이해는 학생들이 학습단원이나 과목 안에서 달성해야 하는 특정한 통찰을 목표로 삼는 반면, 포괄적인 이해는 단원 주제의 세부사항을 넘어 교육과정 전반에 걸쳐 나선형을 그리는 더 크고 전이 가능한 개념을 가리킨다. 교과적 이해는 좀 더 개별적이며 다른 주제로 전이될 가능성이 낮다.

이해를 확인하는 것은 다음과 같은 목적을 위해서이다.

- 교육과정의 초점을 영속적이고 전이 가능한 학습에 맞춘다.
- 학생들의 적극적인 의미 만들기(meaning making)를 독려한다.

• 학습자가 배운 것을 새로운 상황에 전이할 수 있도록 한다.

포괄적인 이해의 좋은 예는 차세대과학성취기준(Next Generation Science Standards)에서 찾아볼 수 있다(NGSS Lead States, 2013). '관통개념(crosscutting concepts, 교과의 경계를 뛰어넘어 공통적으로 적용되는 개념-옮긴이)'이라는 이 개념은 특정 주제와 학년, 과목 전반을 잇는 개념적 씨줄과 날줄을 통합해 제시한다. 다음은 그 예이다.

원인과 결과: 메커니즘과 설명. 사건에는 원인이 있으며, 때로는 단순하고 때로는 다면적이다. 과학은 주로 인과관계와 그에 영향을 미치는 메커니즘을 조사하고 설명한다. 이러한 메커니즘은 현재의 맥락에서 다양하게 검증되고, 새로운 맥락에서 벌어지는 사건을 예측하고 설명하는 데 사용될 수 있다(NGSS Lead States, 2013, p. 42).

포괄적인 본질적 질문

본질적 질문은 학생들을 미리 정해진 답으로 이끌려는 것도, 사실정보를 기억해내도록 유도하려는 것도 아니다. 중요한 개념을 밝히고 프로세스의 미묘한 차이를 탐구하는 데 그 목적이 있다.『핵심 질문: 학생에게 이해의 문 열어주기(Essential Questions: Opening Doors to Student Understanding)』(Wiggins & McTighe, 2013)에서는 본질적 질문을 다음과 같이 설명한다.

• 개방적이며 보통 단 하나의 정답이 있는 질문이 아니다.

- 지적으로 흥미로워야 하고, 탐구욕과 고등사고(higher-order thinking), 토론과 논쟁을 유발하는 질문이어야 한다.
- 교과 및 범교과 영역에서 중요하고 전이 가능한 개념과 프로세스를 가리킨다.
- 새로운 질문을 제기하고 더 깊은 탐구욕을 일으킨다.
- 단지 정답만이 아니라 근거를 통한 뒷받침과 타당성 증명을 필요로 한다.
- 시간이 지나도 계속 떠올리고 재차 생각해보게 되는 질문이다.

이해와 마찬가지로 본질적 질문도 범위와 폭에 있어 차이가 있다. 포괄적인 본질적 질문은 한 단원의 세부사항을 넘어 더 크고 전이 가능한 개념에 주목한다. 이 질문은 교육과정 전체에 나선형을 그리며 전 학년에 걸쳐 의미 있게 되풀이되어 한 교과 내에서, 또는 여러 교과에 걸쳐 개념적 연결고리를 제공한다. 교과 영역의 본질적 질문은 좀 더 구체적이며 한 단원이나 과목 안에서 '특정' 주제에 관한 개념과 프로세스를 탐구하도록 이끈다. [도표 4. 2]는 포괄적인 이해와 포괄적인 본질적 질문의 사례를 각각에 상응하는 전이목표(교과 영역 3가지, 초교과 영역 2가지)와 함께 제시한다.

요약하면, 포괄적인 이해 및 본질적 질문은 교과 내에서 또는 여러 교과에 걸쳐 되풀이되는 일련의 개념과 프로세스를 중심으로 교육과정을 구성하도록 지침을 제공한다. 이와 같은 포괄적 요소들은 교육과정이 일관성을 유지하고 장기적 전이(기대하는 교과적·초교과적 교육효과)를 지향하는 데 필요한 지적인 토대를 제공한다. 이런 식으로 교

[도표 4. 2] 포괄적인 이해와 포괄적인 본질적 질문의 예

교육효과	전이목표 (학생들은 독자적으로 ……할 것이다.)	포괄적인 이해	포괄적인 본질적 질문
교과 영역 예시			
언어	다양한 텍스트를 이해	유능한 독자는 독서의 내용과 목적에 따라 적절한 전략을 사용한다.	• 유능한 독자는 무엇을 하는가? • 읽는 내용이 읽는 방법에 어떤 영향을 주는가?
수학	설명과 예측을 목적으로 수학적 모델링을 사용	수학자들은 실제 현상의 작용을 해석하고 예측하기 위해 모델을 만든다. 수학적 모델에는 한계가 있으며 때로는 데이터를 왜곡하거나 잘못 해석한다.	• 이 현상을 모델링하는 가장 좋은 방법은 무엇인가? • 수학적 모델링과 표상의 한계는 무엇인가?
시각예술	다양한 목적과 관객을 위해 다양한 시각 매체를 활용해서 생각과 느낌을 표현	시각예술가는 표현하고자 하는 목표를 추구하는 과정에서 기존의 규칙을 따를 수도 어길 수도 있다.	• 내 생각과 감정을 표현하기 위해 어떤 형식과 매체를 사용해야 하는가? • 예술가는 왜, 언제 기존의 관례에서 벗어나야 하는가?
초교과 영역 예시			
비판적 사고	결론에 도달하기에 앞서 정보와 주장을 비판적으로 평가하고, 비판적 질문을 던지며, 다른 견해들을 신중히 탐구	비판적 사고를 하는 사람은 자신이 읽고 듣고 본 것이 무엇이든 그대로 믿지 않는다. 회의적 자세를 견지하고, 비판적 질문을 던지며, 다른 관점들을 탐색한다.	• 내가 읽고 듣고 보는 것에서 무엇을 믿어야 할지를 어떻게 알 수 있는가? • 이 출처는 믿을 만하고 편파적이지 않은가? • 다른 어떤 관점들을 고려해야 하는가?
자기주도 학습	독립적으로 목표를 설정·추구하고, 자기 평가와 조정을 하며, 학습과 수행을 향상하기 위한 피드백을 요청	자기주도학습자는 자주적으로 목표를 세우고 추구한다. 정기적으로 자기평가를 하고, 피드백을 통해 학습과 수행을 향상시킨다.	• 나는 무엇을 배우고 성취하고 싶은가? • 나는 어떻게 해나가고 있는가? • 학습이나 수행을 어떻게 향상시킬 수 있을까?

육과정을 구성함으로써 우리는 학생들의 이해를 발전·심화시키며, 학습한 것을 새로운 환경에서 그들 스스로 적용할 수 있도록 돕고자 한다.

교과적 학습효과를 위한 포괄적인 이해 및 본질적 질문

그레그(이 책의 공저자인 그레그 커티스-옮긴이)는 베이징국제학교에서 이와 관련하여 연구세션을 진행했는데, 이는 교과의 장기적인 전이목표와 일련의 포괄적인 이해 및 본질적 질문을 명료하게 표현하기 위한 자리였다. 이 세션에는 초등 저학년부터 12학년까지 각 교육과정의 선임교사들이 참여해 앞의 기초적인 요소에 대해 함께 토론했다. 이 프로세스는 건설적이고 초점이 명확했으며 생산적이어서, 비교적 짧은 기간에 각 교육과정 영역에서 전이목표와 이해 및 본질적 질문의 초안을 만들어낼 수 있었다. 거의 모든 참가자가 이구동성으로 다른 부서의 교사들과 협력해서 작업하는 이점에 대해 언급했다. [도표 4. 3]은 과학교과의 교육효과와 그와 관련된 포괄적 이해 및 본질적 질문의 예이다.

일단 이러한 요소들의 초안이 만들어지면, 작업모둠의 교사들은 장기적인 전이목표에 대한 피드백과 제안을 얻기 위해 이를 다시 동료들에게 보냈다. 프로세스가 협업적 성격을 띠었고 장기적 전이목표에 교과의 핵심을 반영함으로써 교사들에게 공감을 일으킨 덕분에 응답은 대체적으로 긍정적이었다.

각 교과의 포괄적인 본질적 질문이 최종 확정되면, 학교는 전시용으로 멋진 포스터를 인쇄했다. [도표 4. 4]는 수학교과의 예이다.

[도표 4. 3] 과학교과의 교육효과를 위한 거시적 교육과정 요소의 예

전이목표 (학생들은 독자적으로 ……할 것이다.)	포괄적인 이해	포괄적인 본질적 질문
과학적 접근법과 방법론을 사용해 현상, 주장, 결과, 정보 등을 탐구	과학은 우리가 살고 있는 세상에 대해 생각하고 체계적으로 탐구하는 조직적인 방법이다.	• 무엇을 질문할 수 있고 질문해야 하는가? • 우리는 이것을 어떻게 조사하는가? • 이것은 무슨 뜻이며, 이는 사실인가? • 어떻게 정보를 이해로 바꾸는가? • 과학적 탐구를 통해 배운 것을 어떻게 전달하는가?
과학적 사고를 활용해 주변 세계의 관계와 복잡성을 이해	과학적 사고란 모든 사물이 서로 연관된 시스템의 일부임을 인식하는 것이다.	• 사물은 어떻게 서로 연관되어 있는가? • 어떻게 시스템을 인식하는가? • 시스템이 어떻게 균형을 이루거나 유지하는가? • 시스템 내에는 어떤 패턴이 있는가?
현실세계의 난제와 기회를 파악하고 과학적 사고를 적용해 해결책을 개발	호기심을 통해 과학자들은 혁신하고 문제를 해결하며, 때로는 새로운 문제를 만들기도 한다.	• 왜 호기심이 생기는가? • 문제나 필요는 무엇인가? • 이에 대해서 무엇을 이해하고 알아야 하는가? • 과학과 혁신은 어디에서 만나는가? • 이것이 최고의 해결책인가? • 교육효과는 무엇인가?

학교는 교실, 복도, 교무실의 눈에 띄는 곳에 포스터를 부착했다. 이처럼 공개적인 장소에 포스터를 게시함으로써, 학교는 반복적으로 등장하는 일련의 중요한 질문을 중심으로 교육과정이 구성된다는 점을 강조할 수 있었다. 또 교직원과 학생들이 이 질문을 전 학년에 걸쳐 계속 숙고하게 할 수 있었다.

[도표 4. 4] 수학에 관한 포괄적인 본질적 질문을 담은 포스터

베이징국제학교는
이해중심교육과정(Understanding by Design)으로 배운다.

이해중심교육과정은 '본질적 질문'을 통한 탐구로 도달하게 되는 '본질적 이해'를 습득하는 데 중점을 두는 교수·학습 접근법이다. '본질적 이해'는 우리가 하는 모든 일의 배후에 있는 중요하고 깊이 있으며 중심이 되는 학습의 '대개념'을 의미한다. '본질적 질문'은 학생들과 교사들이 학습 영역의 기본적인 내용 그 이상을 보도록 촉발하는 탐구적이고 개방적이며 생각을 자극하는 질문이다.

베이징국제학교에서는 '포괄적인 본질적 질문'을 만들기 위해 모든 교과 및 전 학년을 대표하는 교사팀이 함께 작업했다. 이 질문들은 학습 영역에서 정말로 중요한 핵심을 나타낸다. 본질적 질문들은 또한 교과 학습의 반복적 특징에 대한 합의를 나타내며 이는 다른 방식과 다른 시간대에서 우리 학생들을 위한 풍부한 이해의 망을 구축하는 데 도움이 될 수 있도록 강화될 것이다.

수학교과의 본질적 질문

1. 이 문제를 어떻게 풀 수 있는가?
2. 어떤 수적(數的) 패턴과 관계를 인식하는가?
3. 어떤 공간적 패턴과 관계를 인식하는가?
4. 패턴과 관계를 어떻게 모형화할 수 있는가?
5. 내 답변이 합당하다는 것을 어떻게 아는가?
6. 수학적으로 소통하는 방법은 무엇인가?
7. 내 수학적 사고가 정확하다는 것을 어떻게 증명할 수 있는가?
8. 수학은 세계와 어떻게 연결되어 있는가?

출처: International School of Beijing(2010), 허가받고 사용

초교과적 교육효과를 위한 포괄적인 이해 및 본질적 질문

초교과적 교육효과와 그에 대한 조작적 정의를 확인했다면([도표 2. 1] 참조), 앞서 교과적 교육효과에 대해 논의했듯이 이 초교과적 교육효과에 대한 포괄적인 이해 및 본질적 질문을 개발해보자. [도표 4. 5]는 그러한 교육효과 중 하나('세계시민의식')를 보여주는 예이다.

[도표 4. 5] 초교과적 교육효과를 위한 교육과정 요소의 예

초교과적 교육효과	전이목표 (학생들은 독자적으로 …… 할 것이다.)	포괄적인 이해	포괄적인 본질적 질문
세계시민의식	전반적인 이해와 사고전략을 적용해 상호의존적인 세계에서 윤리적이고 생산적으로 행동	우리는 서로 밀접하게 연관된 세계에 살고 있다. 우리는 문화와 환경을 뛰어넘어 서로 연결돼 있고 서로를 이해한다. 우리는 복잡하고 끊임없이 변화하는 세상에서 의도하거나 의도하지 않은 영향을 미치는 많은 결정을 내린다.	• 우리는 어떤 점이 다르고 어떤 점이 같은가? • 우리 모두는 왜 같은 방식으로 사물을 보지 않는가? • 내 결정과 행동이 다른 사람에게 어떤 영향을 미치는가? • 사물은 어떻게 연결되어 있는가? • 왜 관심을 갖는가?

초석과제

초석과제(cornerstone tasks)는 교육과정 청사진의 핵심 요소이다. 초석과제는 교육과정에 내재된 수행과제로, 학생이 자신의 지식과 스킬을 실제 상황에 적용하도록 이끈다. 다시 건축에 비유하자면, 이

과제는 건물의 초석이라 할 수 있다. 왜냐하면 습득한 내용지식과 스킬을 가지고 학습자 스스로 해낼 수 있기를 바라는, 가장 중요한 수행을 중심으로 교육과정을 설계하게 해주기 때문이다. 간단히 말해서, 초석과제는 장기적인 전이목표(교육과정에서 기대하는 교육효과)를 추진한다. 더욱이 우리는 그러한 수행과제가 초교과적 교육효과를 교과내용과 통합하는 실제적인 수단이 된다는 것을 발견했다.

다음 장에서는 초석과제를 좀 더 자세히 설명하고 이를 개발하는 절차를 제시한다.

결론

도달해야 할 목적지를 알면, 거기에 도달할 방법을 찾아낼 수 있다. 교육효과에 초점을 맞추면 '먼저' 우리가 바라는 교육효과, 즉 학습의 전이에 대한 증거를 제공할 초석 평가과제를 계획해야 한다. 그런 다음, 학생들이 학습을 전이하는 데 필요할 포괄적인 이해와 이와 관련된 본질적 질문—전 학년에 걸쳐 나선형을 그리며 반복되고 심화될 질문—들을 입안한다. 그리고 나서야 비로소 구체적인 수업과 단원목표를 교육과정 맵에 배치할 수 있다. 이러한 교육과정 매핑 개념에서 지식과 스킬은 투입으로 간주된다. 즉, 배운 내용을 낯선 실제 상황에 전이할 수 있는 능력을 보여줄 과제(산출)를 완성하기 위해 필요한 능력과 스킬이다.

이러한 방식으로 교육과정을 매핑하면 미션과 연계된 21세기 역량이 학업성취기준의 교수 및 평가와 자연스럽고 적절하게 융합될 가능성이 커진다. 궁극적으로 미래의 교육과정은 앞으로 직면하게 될 예기치 못한 기회와 도전에 자신이 배운 내용을 적용할 수 있도록 학생들을 준비시킨다는 우리의 미션을 반영해야 한다.

이 장에서는 백워드 설계를 사용해 교육과정 청사진을 만드는 방법에 대해 설명했다. 교육과정 청사진은 21세기 학습이라는 미션을 이행할 교육과정을 설계하기 위한 하나의 틀이다. 다음 장에서는 21세기 역량과 전통적인 교수과목을 융합하는 수단으로서 초석과제를 활용하는 방법에 대해 살펴볼 것이다. 또한 목표로 하는 교육효과로의 진전 상황을 알 수 있는 증거를 제시할 것이다.

제5장

미래학습을 위한 평가시스템

교과 및 초교과 영역에서의 학업성취를 어떻게 평가할까?

흥미로운 현장연구(action research)를 한번 시도하는 것도 좋을 것이다. 학교 또는 학구에 있는 교사들이 평가(evaluation, 성취기준을 근거로 달성도 판단에 초점을 둔 평가-옮긴이)와 채점(grading)의 기준으로 활용하는 평가(assessment, 현 수준에서 향상시킬 목적으로 피드백 제공에 초점을 둔 평가-옮긴이) 샘플을 모은다. 그리고 나서 그것들을 외부 패널(다른 학교 또는 학구의 교육자, 학부모 또는 지역사회 구성원)에게 검토해 달라고 주고, 지금 평가되고 있는 것들로 미루어 볼 때 여기에서 추구하는 미션과 기대하는 교육효과가 무엇이겠는지 말해달라고 요청한다. 학습의 전이가 중요하고, 초교과적 교육효과 및 21세기 역량이 우선시되는 가치일 거라는 추론이 나왔는가? 실제로 관찰자의 관점에서 보면, 명시된 교육효과와 일반적으로 활용되는 평가가 불일치하는 경우가 적지 않다. 이러한 현장연구 프로세스에서는 백워드 설계의 근본적인 개념, 즉 기대하는 교육효과와 평가가 긴밀하게 연계되어야 한다는 점이 명확해진다. 달리 말해, 무엇을 평가하는지는 무엇에 가치를 두는지를 시사한다. 평가하지 않는 것에 대해서는 학생들도 사소하게 생각하거나 진지하게 대하지 않을 것이다.

이 장에서는 미션과 연계시켜야 할 평가시스템의 유형을 탐구할 것이다. 먼저 효과적인 학습평가의 원칙과 목표를 검토한 다음 이러한 평가를 계획하기 위한 기본 틀을 살펴볼 것이다. 또 초교과적 교육효과를 구성하는 수행영역 및 수행지표를 상세히 살펴보고, 이러한 교육효과를 초석과제(cornerstone tasks)에 접목하는 방안을 소개할 것이다. 끝으로 학생들의 수행을 정기적으로 검토하기 위해서 초석과제를 매핑하고 루브릭을 만드는 데 필요한 조언을 하고자 한다.

효과적인 평가의 원칙

학교는 공통의 원칙과 평가에 관한 토론에 관계자들을 참여시켜 단순히 기존 원칙을 채택하지 않도록 해야 한다. 이 경우는 투입이 산출만큼 중요한 상황이다. 대화와 토론을 거쳐 도출한 것이 아닌, 복사해서 붙여넣기를 한 평가원칙과 같은 학교 청사진의 기본 요소는 흔히 제구실을 하지 못한다. 따라서 학급, 학교, 학구 수준의 평가는 대화와 더불어 일련의 근본적 원칙 아래 설계되고 집행되어야 한다. 제이 맥타이는 저서 『Core Learning: Assessing What Matters Most(핵심 학습: 가장 중요한 것을 평가하기)』(McTighe, 2013)와 『맞춤형 수업과 이해중심교육과정의 통합(Integrating Differentiated Instruction and Understanding by Design)』(Tomlinson & McTighe, 2006)에서 효과적인 평가(assessment)에 대한 5가지 원칙을 제안했는데, 그 요점은 다음과 같다.

1. **평가는 학습에 기여해야 한다** 평가의 근본 목적은 교사들에게 정보를 제공하고 학생들의 학습을 향상시키는 데 있다. 이 원칙이 시사하는 바는, 평가는 교사와 학생들이 자신의 수행을 향상시키도록 유용한 정보를 제공하는 피드백 체계라는 점이다. 학습에 도움이 되는 평가에는 잘 알려진 특징이 있다. 분명한 목표, 단순히 사실정보의 기억을 테스트하기보다는 지식의 진정한 응용 능력을 평가, 탁월성을 판단하는 익숙한 준거와 모형, 지속적인 피드백, 학습자가 다시 시도하고 조정할 기회, 학습을 입증할 한 가지 이상의 방법, 학습자 자신의 자기평가와 목표 설정 등이 그것이다. 물론 평가에는 심사 및 채점 기능도 있지만, 그로 인해 학습이 희생되어서는 안 된다.

2. **다양한 측정방식은 좀 더 풍부한 그림을 제공한다** 평가는 교육자가 평가로부터 얻은 정보를 토대로 학생들이 무엇을 알고, 이해

하고, 할 수 있는지를 추론하는 과정이다. 평가는 어떤 형태든 측정오차(measurement error)의 여지가 있기 때문에 추론이 신뢰성을 확보하려면 다양한 출처의 증거를 고려해야 한다. 사진에 비유해보자. 앨범에는 대개 다양한 배경에서 각기 다른 시기에 찍은 사진이 많이 있다. 따라서 앨범은 어떤 한 장의 스냅사진보다도 한 개인에 대해 더 정확하고 흥미로운 모습을 보여준다. 마찬가지로 교육평가에서도 단 한 장의 스냅사진이 아니라 여러 장의 사진을 검토해야 학생들의 학습과 성장을 더 정확하게 묘사할 수 있다.

3. **평가는 목표와 부합되어야 한다** 백워드 설계에서는 평가가 애초의 목표에 잘 부합해야 합당하다. 교육자들은 평가에 대해 타당성과 신뢰성을 자주 언급한다. 그러나 평가결과로부터 타당하고 신뢰할 만한 '추론'을 어느 정도까지 끌어낼 수 있는지와 관련해서 평가를 이해하는 것이 좀 더 적확하다. 어떤 평가든 결과로부터 유효한 추론을 이끌어낼 수 있으려면, 표적으로 삼은 목표에 대한 적실한 측정방안을 수반해야 한다. 매우 상이한 목표들(지식, 스킬, 이해, 전이, 마음습관, 21세기 역량 등)이 존재하기 때문에, 각각의 성취에 대해 적절한 증거를 얻으려면 다양한 평가가 있어야 한다. 다시 사진을 예로 들면, 평가앨범에는 다양한 유형의 사진이 필요하다. 예를 들어, 학생들이 중요한 사실정보를 습득했는지를 알아보기 위해 선다형 시험을 사용할 수 있고, 개념 이해를 평가하기 위해서는 서술식 평가를 할 수도 있으며, 학습한 것을 새로운 상황에 전이할 수 있는지를

보기 위해서는 수행과제를 활용할 수도 있다.

4. **평가는 중요한 사항을 모두 측정해야 한다** 평가원칙 3과 더불어 평가원칙 4는 이 책의 핵심이다. 미래학습에 대한 명확하고 강력한 비전과 그 실행에 지침이 될 명시적 미션에 주목한다면, 테스트하고 채점하기 쉬운 기존의 학업목표만이 아니라 우리가 상상하는 '모든' 교육효과를 평가하는 것이 중요하다. 여기에는 "우리는 가치 있다고 여기는 것을 측정한다", "측정되는 것이 시행된 것이다", 그리고 "헤아려진 것만이 중요한 것이다"와 같은 오랜 격언이 적용된다. 학생들이 배운 것을 새로운 상황에 전이할 수 있기를 원한다면, 실제 상황에서 전이를 해보도록 하는 평가가 필요하다. 학생들의 자기주도학습능력을 계발하겠다고 언명했다면, 시간이 지나면서 이 능력이 성장했다는 증거가 필요하다. 4Cs와 같이 미션과 관계있는 대부분의 교육효과는 일시에 치르는 단일 시험으로는 평가하기 어렵기 때문에, 일정 기간 동안 취합한 일단의 증거를 바탕으로 이 영역에서 학생들의 수행과 성장을 파악하는 방법을 고려해볼 필요가 있다.

5. **평가는 공정해야 한다** 평가의 공정성 원칙은 간단히 말해 모든 학생에게 그들이 알고, 이해하고, 수행할 수 있는 것을 보여줄 기회를 공평하게 주어야 한다는 것이다. 표준화시험은 엄격한 시간제한 및 동일한 채점절차와 같이 모든 학생이 똑같은 방식으로 평가받도록 보장하는 시험관리 조건을 구비했기 때문에 대체로 공정하다고 인식된다. 그러나 이러한 이점에도 불구

하고 표준화시험에는 단점이 있다. 즉, 학습자마다 지식과 스킬 수준이 다를 뿐 아니라 각자 배운 것을 보여줄 때 선호하는 방식이 다르다. 따라서 획일적인 평가방식이라고 해서 항상 공정하거나 적절한 것은 아닐 것이며 실제로도 그렇다. 표준화시험처럼 대규모로 시행되는 시험에는 일률적으로 적용되는 시험규정 등이 있지만, 이와 달리 교사는 학생들이 다양한 방법으로 학습 및 수행 능력을 입증하도록 융통성을 발휘할 수 있다. 가령, 영어가 모국어가 아닌 학습자에게는 선택지를 읽을 수도 없는 다지선다형 시험보다는 시각적으로 또는 구두로 자신이 이해한 과학개념을 설명하게 허용할 수 있는 것이다. 경우에 따라서는, 특히 속도가 아니라 역량이 목표일 때에는, 시간을 더 필요로 하는 학생들에게 과제를 완수할 시간을 더 많이 주는 것이 적절할 수 있다.

'부록 C'(pp. 227~232 참조)는 학교 수준에서 공동으로 개발한 평가원칙의 예를 보여준다. 그러나 적절한 평가를 만들기에 앞서, 다양한 유형의 유효한 목표를 먼저 고려해야 한다. 어떤 유형의 평가를 할지는 목표가 좌우하기 때문이다.

목표 유형

맥타이(McTighe, 2013)는 서로 관련이 있으면서도 다른 5가지 학습목표 유형을 설명한다. 이러한 목표를 개발하는 데에는 평가와 수업 모두에서 서로 다른 접근법이 필요하기 때문에, 각 유형 간의 차이에 주목할 필요가 있다. 다음은 5가지 목표 유형과 각각이 평가에 갖는 함의들이다.

1. **지식** 지식목표는 학생들이 알기를 바라는 것, 즉 사실(나라별 수도, 화학기호)과 기본개념(다양한 도형)을 말한다.

   평가의 함의 지식목표를 달성했는지는 객관적인 시험이나 퀴즈 문항 또는 교사의 질문에 대한 답을 통해 확인할 수 있다. 일반적으로 지식목표에는 정답이 있으므로 평가는 맞거나 틀리거나 둘 중 하나이다. 이 점 때문에 선택형시험문항(selected-response test items)의 기계채점이 가능하고, 이 포맷은 교실에서 이루어지는 평가뿐 아니라 표준화시험에서도 널리 사용된다.

2. **스킬과 프로세스** 이 목표는 특성상 절차와 관련되며 학생들이 무엇을 수행할 수 있어야 하는지를 본다. 스킬은 별개의 행위(셔츠의 단추 잠그기, 야구방망이로 공 때리기)를 포함하는 반면, 프로세스는 여러 단계를 밟는 좀 더 복잡한 행위(장문의 글쓰기, 학술조사)를 아우른다. 프로세스에는 일련의 복합적 스킬이 포함된다.

   평가의 함의 스킬과 프로세스에 대한 가장 적절한 평가는 학습자가 그것을 수행함으로써 능력을 입증할 때 이뤄진다. 교사나 평가자는 숙련도를 측정하기 위해 학생이 만들어낸 산물이나 수행(작문 샘플)을 직접 관찰하거나 검토한다. 일반적으로 하나의 정답이 있는 지식평가와 달리 스킬과 프로세스 평가는 초보자에서 전문가에 이르는 숙련도의 연속체(continuum)상에서 이루어지는 것이 가장 적합하다. 이는 태권도에서 숙련도에 따라 띠의 색깔이 다른 것과 유사하다.

3. **이해** 이해목표란 학생들이 깊이 있게 이해하기를 바라는 대개념(big ideas)을 가리킨다. 그러한 개념은 적용이나 인식(예: 형태는 기능을 따른다)처럼 개념적이고 본디 추상적이다. 이해기반 목표의 좋은 예는 차세대과학성취기준(NGSS)의 소위 관통개념(crosscutting concepts)이라는 교과 간 공통개념에서 찾아볼 수 있다.

> 크기, 비율, 양: 현상을 고려할 때 크기, 시간, 에너지의 다양한 척도에서 서로 관련 있는 것을 인식하고, 크기, 비율 또는 양의 변화가 시스템의 구조와 성능에 어떤 변화를 가져오는지 인식하는 것이 중요하다(NGSS Lead States, 2013).

평가의 함의 이해를 평가하는 가장 적합한 방법은 첫째, 학생들이 학습한 바를 새로운 상황에 '응용'해보도록 하는 것이고, 둘째, 자신이 내놓은 답과 그 답에 이르게 된 과정을 '설명' 또는 입증해보도록 하는 것이다. 따라서 우리는 응용(이상적으로는 실제 상황에서)과 더불어 설명(네가 풀이한 것을 보여줘라, 네가 내린 결론의 근거를 대라, 너의 해석을 뒷받침하는 텍스트를 인용하라 등)을 요하는 수행평가를 추천한다.

4. **성향** '마음습관(habits of mind)'이라고도 부르는 이 목표는 학

교에서뿐 아니라 삶에서 생산적으로 사고하고 행동하는 방식을 특징으로 한다. 미국의 주[국가]공통핵심성취기준 중 수학교육과정성취기준(Standards for Mathematical Practice)에서는 수학에 능숙한 학생들은 "문제를 파악하고 끈기 있게 풀이한다"라고 언급하며 이러한 성향을 목표에 포함시켰다(NGA & CCSSO, 2010b). 또한 부모와 교사, 고용주가 가치 있는 것으로 인식하는 마음습관 16가지를 지목한 연구도 있다(Costa & Kallick, 2008). 여기에는 이해와 공감으로 경청하기, 유연하게 사고하기, 정확성과 명료성을 추구하기, 충동 관리하기, 마음을 열고 계속 배워나가기, 생각에 대해 생각하기(상위인지) 등이 포함된다. 성향은 사실상 본질적으로 초교과적이며, 다양한 교과 영역 안팎에서 그리고 일생에 걸쳐 나타난다.

평가의 함의 학생들이 기본 사실을 배웠는지 확인하기 위해 시험이나 퀴즈를 낼 수는 있지만 성향에 대한 즉각적 평가는 부자연스럽고 부적절하다. 마음의 개방성을 평가하기 위한 시험일정을 상상할 수 있는가? 성향 평가는 확정된 수행지표를 근거로, 오랜 기간에 걸쳐서 관찰한 바와 학생의 자기평가를 수집한 증거취합모델(collected-evidence model)을 통해 가장 잘 수행된다.

5. **전이** 전이목표에서는 지식, 스킬, 이해, 성향의 효과적인 응용이 강조된다. 전이목표는 학생들이 학교 밖에서 새로운 도전에 직면했을 때, 배운 것을 이용해서 그들 스스로 해낼 수 있기를 바라는 것이 명시되어 있다. 전이목표에는 세 가지 특징이 있다. 첫째, 여러 학년에 걸쳐 교사들이 공동으로 실행하는 '장

기적인(long-term)' 수행 또는 출구목표(exit goals)가 있다. 둘째, '전이(transfer)'를 요구하므로, 학습자는 배운 것을 새롭고 예측할 수 없는 상황에 적용할 수 있어야 한다. 셋째, 학습자의 '자율성(autonomy)'이다. 과도한 안내나 조력 없이도 학습자가 독자적으로 수행할 수 있기를 기대한다.

평가의 함의 전이를 평가하는 것은 명확해야 한다. 배운 것을 점점 더 실제적이고 복잡한 상황에 적용하고(전이), 이를 점차 자율적으로 해낼 수 있는 능력이 커지고 있다는 증거를 수집해야 한다. 전 학년에 걸쳐 반복되는 일련의 초석과제를 통해 이를 수행할 수 있다. 이에 대해서는 곧 상세히 기술할 것이다.

교육자들은 몇 가지 장기적 전이 교육효과, 즉 시간이 지남에 따라 발전시키고자 하는 수행능력의 유형을 확인할 필요가 있다. 이러한 교육효과를 평가하기 위해서는 수행영역 및 수행지표 측면에서 이에 관해 더 깊이 있게 정의할 필요가 있다.

수행영역과 수행지표

학교의 비전과 미션에는 초교과적 교육효과가 명시되어 있는 경우가 많지만, 교과 영역에서의 교육효과(학업성취기준)와는 달리 이를 명확하게 보여줄 수 있고 배울 수 있고 가르칠 수 있는 수행지표로 나타내는 경우는 드물다. 그러나 수행지표 수준의 정의가 없다면 이러한

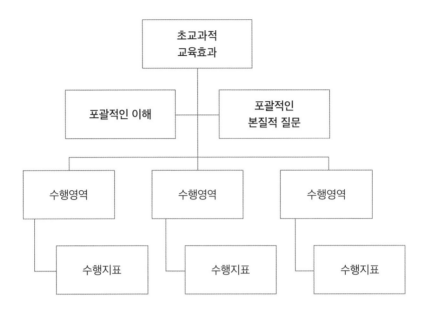

큰 목표는 종종 희망사항에 그치고 만다. 이 과정을 필히 조기에 착수해야 학교의 목표를 명확히 하고, 학교에서 정의하는 '성공'의 개념이 교육과정 설계, 평가 프로세스, 실행, 그리고 종국에는 학생들의 성취와 성장에 대한 통지에 녹아들 수 있다.

　제4장에서 논의한 바와 같이, 초교과적 교육효과와 포괄적인 이해 및 본질적 질문을 확인했다면 이제 그 교육효과를 수행영역과 수행지표([도표 5. 1])로 세분화할 차례이다. 교육효과에서 수행지표를 도출하는 것은 매우 중요하다. 수행지표에는 시간이 경과함에 따라 수행과 성장의 발달단계에 맞는 증거를 제공하기 위해서 학생들이

무엇을 할 것인지가 명시되어 있기 때문이다. 이처럼 수행지표는 학생의 수행을 심사할 때 살펴야 할 세부사항을 짚어주기 때문에 평가에서 무척 중요하다. 이 구조는 교과를 종종 여러 갈래(strands)의 영역과 평가기준(benchmarks)으로 나누는 방식과 유사하다고 볼 수 있다.

여기서는 '자기주도학습'이라는 초교과적 교육효과를 유용한 수행영역(p. 114 [도표 5. 2] 참조)으로 분석하는 데 집중해보자. 먼저 제4장에서 학습한 프로세스를 활용해 포괄적인 이해 및 본질적 질문의 목록을 작성한다. 그러고 나서 교육효과와 관련된 수행영역에 대해 브레인스토밍을 한다.

자기주도학습자가 '어떤' 사람인지(수행영역)에 관한 묘사는 매우 중요하지만, 그러한 스킬과 특성의 증거를 인식하고 평가하기 위해서는 그들이 '무엇'을 하는지 알아둘 필요가 있다. 이런 이유로 수행지표에 관한 브레인스토밍이 필요한 것이다.

초교과적 교육효과에서 수행지표들을 도출하는 프로세스는 비교적 간단하지만, 그 과정에서 미션과 비전의 애매모호한 요소들이 좀 더 분명해지기도 한다. 여기서 구성원들이 이해하고 유념해야 할 점은 이 프로세스가 종합적이고, 잘 다듬어지고, 완벽한 수행지표의 목록을 만들 목적으로 고안되지는 않았다는 것이다. 오히려 이 프로세스는 기대하는 교육효과의 성취와 성장의 증거를 보여주기 위해 학생이 정확히 무엇을 할 것인지, 이에 대한 사고를 자극하려는 데 그 목적이 있다. 이는 만만찮은 과제일 수 있으나, 21세기 역량을 분석하기 위한 출발점으로서 좋은 사례를 제공할 자료가 많이 있다.

일단 수행지표에 관해 브레인스토밍을 하고 나면, 그것들을 발달단계의 연속체에 정리해서 학년별로 적합한 수행증거의 유형을 모두가 알 수 있도록 한다. 확실한 것은, 몇몇 수행지표를 묶어서 한 세트로 제시하는 것으로는 학생들이 발달단계 전반에 걸쳐 계발하고 보여주기를 바라는 스킬과 적성을 안내하기에 충분하지 않다는 것이다. 그러므로 발달단계의 연속체를 만들면 우리가 연속체상 어디에서 출발했고 어느 단계로 나아가며 스킬과 적성을 계발해가고 있는지 쉽게 알 수 있을 것이다.

발달단계의 연속체는 읽기와 쓰기 발달과 같은 영역에서 흔히 사용된다. 또 초교과적 교육효과 면에서 학생들에게 기대하는 성장과정을 도표화하는 데에도 편리하다. [도표 5. 3]은 [도표 5. 2]를 풀어낸 수행지표 예시이다. 이것은 확정적이거나 완벽한 목록이 아니라 분석의 최종 단계를 보여주는 예시일 뿐이다. 학구, 학교, 부서의 미션에 내재된 어떤 초교과적 교육효과에도 이와 같은 분석 프로세스를 사용할 수 있다.

[도표 5. 4]는 그레그(Greg)가 베이징국제학교에서 교사들과 함께 연속체 상 수행지표를 조직하는 데 사용한 프로토콜이다. 수행지표 연속체의 샘플이 '부록 B'(pp. 205~225 참조)에 수록되어 있다.

[도표 5. 2] 수행영역의 예

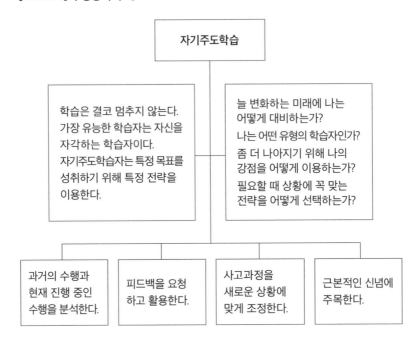

초교과적 교육효과 평가

대규모 평가이든 학급 단위의 평가이든 대부분의 현행 평가는 교과 내용의 지식과 스킬을 평가 대상으로 삼는다. 만일 학교교육의 유일한 목적이 전통적인 교과목 내의 기초지식을 학습하는 것이라면, 그러한 평가는 적절하다. 그러나 우리의 미션이 4Cs와 같이 추상적인 초교과적 교육효과에서 도출된 수행지표를 포함한다면, 평가앨범은 확대되어야 한다. 21세기 역량 개발을 위한 파트너십(Partnership

[도표 5. 3] 수행지표의 예

교육효과: 자기주도학습자		
수행영역: 자기인식(Self-Awareness) 보여주기		
초등학교 수행지표	중학교 수행지표	고등학교 수행지표
• 학습에의 능동적인 참여 보이기 • 여러 전략을 적용함으로써 학습자로서의 자신감 향상 보이기 • 기억 및 기타 인지적 과제와 관련해 자신의 강점과 약점 인식하기 • 과제, 목표, 예정된 프로세스에 계속 집중하기	• 학업에서의 성취감과 개인적 만족감 표현하기 • 학습과제에서 자기주도성 보이기 • 난제에 직면했을 때 성공적으로 해결하는 학습자임을 확인하기 • 성공 수단으로서 상위인지 전략을 익히려는 의욕 보이기 • 진행 중인 프로세스를 분명하게 설명하기	• 학습자로서 높은 수준의 자기유능감 보이기 • 직면한 난제를 학습자로서 성장할 수 있는 기회로 접근하기 • 내적인 의욕 보이기 • 모든 과제와 난제를 완수할 때 학습자로서의 능력을 향상시키기로 결심하기

for 21st Century Skills, 2007)은 백서 「Assessment of 21st Century Skills(21세기 역량 평가)」에서 미래 평가의 필요성과 그에 관한 권고사항을 다음과 같이 설명한다.

현행 평가에는 대체로 언어, 수학, 과학, 사회와 같은 핵심 내용영역의 지식을 측정하는 평가는 차고 넘치지만, 21세기 역량에 초점을 둔 평가와 분석은 상대적으로 부족하다. 현행 시험의 중요한 결점은 다음과 같다.

• 알고 있는 것을 새로운 상황에 얼마나 잘 적용하는지를 측정하도록 설계되지 않았다. 또한, 문제를 해결하거나 생각을 전달하는 데 학생들이 과학기술을 어떻게 사용하는지를 평가하도록 설계되어 있지도 않다.

[도표 5. 4] 연속체에서 수행지표를 정리하기 위한 프로토콜

이 프로세스 전에 실행해야 할 것

1. 앞서 명시한 초교과적 교육효과를 토대로 포괄적인 본질적 이해 및 질문을 미리 만들어둔다.
2. 초교과적 교육효과에 대한 루브릭(rubrics) 또는 설명 사례들을 다양한 출처에서 수집한다. 간단히 웹 검색만 해도 이용할 수 있는 자료가 많다.
3. 그 자료를 분석팀에 배포한다.
4. 팀원들이 워크숍 전에 주제, 트렌드, 본질적 이해 또는 본질적 질문에 유의하며 자료를 훑어보게 한다.
5. 자료를 복사하고, 수행지표 사례들을 낱장의 쪽지로 잘라낸다.
6. 완성된 결과물에 적절하게 참조가 될 수 있도록 출처목록을 기록해둔다.
7. 대형 방습지나 포스터 용지를 준비해서 큼직한 격자판 모양으로 나뉜 연속체를 만든다. 각 열의 맨 위 칸에 학년을 표기하고, 행에는 간격을 두어 수행지표를 쓴다.

주의: 이 과정은 소규모 모둠(초교과적 교육효과별로 4~5인 구성)에서 수행해야 한다. 이는 교사들을 위한 훌륭한 프로세스이나 관리자도 참여해서 본질적 이해와 결과물을 공유해야 한다. 또 학생과 학부모를 참여시킬 수도 있다.

프로세스 단계	계획을 위한 질문
1. 모둠별로 만나서, 앞서 명시한 교육효과에서 발전시킨 본질적 이해 및 질문에 대해 논의한다. (10~15분)	• 교육효과의 실행에 관해 이 포괄적인 요소들에서 무엇을 얻을 수 있는가? • 어떤 핵심요소가 명시적이고도 암시적인가? • 교육효과의 분석을 통해 우리는 이것의 가치를 어떻게 드러내는가?
2. 먼저 교육효과를 주요한 몇 가지(2~5) 수행영역으로 나눈다. (30~45분)	• 이러한 교육효과를 보이는 사람의 주요 특징이 무엇인가? • 교육효과를 입증하는 주된 수행영역이 무엇인가? • 모든 발달단계에서 학생들이 적절한 수준으로 그 수행영역에 참여할 수 있는가?

3. 탁자 중앙에 대형 방습지나 포스터 용지를 둔다. 전 단계에서 생성한 수행 영역들을 세로줄 맨 앞에 추가한다. 모둠원들에게 수행지표 예시와 함께 풀을 나누어준다. 모둠원들은 몇 가지 지표를 선택해서 용지에 그린 격자판(적절한 수행영역과 발달단계 또는 부문으로 나뉜 칸)에 알맞게 붙인다. 이 단계는 신속한 정렬이 중요하므로, 완벽한 결과물을 만들려고 질질 끌면 안 된다. (25분)	• 특정 수행지표가 해당 수행영역에 어떻게 들어맞는가? • 어떤 발달단계에서 그 지표를 시연하는 학생을 그려볼 수 있겠는가?
4. 모둠원들은 발달단계의 연속체에 관해 토론하되, 유사한 지표끼리 묶기, 수평적 순서도, 그리고 학생이 지표를 증명할 수 있는지, 교사는 그것을 포착할 수 있는지 여부 등에 특히 유의한다. (20~30분)	• 각 수행영역(수평)에서 학교 수준 또는 발달단계 전반에 걸쳐 흐름이 이어지는가? • 학교 수준 또는 발달단계(수직)에서 모든 수행지표 전반에 걸쳐 흐름이 이어지는가?
5. 모둠원들은 자신이 보기에 적합한 것으로 지표 예시를 변경한다. 새로운 지표를 포스트잇에 써서 연속체상 원하는 위치에 붙일 수도 있다. (20분~30분)	• 학교 수준 전반에 걸친 흐름이 고르지 않으면 어떻게 그 간극을 메우거나 발달단계를 이을 수 있을까?
6. 산출물이 원형(prototype, 原型)으로 또 피드백용으로 문제없다 싶을 때까지 소소하게 수정하면서 산출물에 관해 토론한다.	• 이 산출물에 대해 확신을 얻기 위해 교사와 학생들은 수행지표를 어떻게 사용할 수 있는가? • 수행지표는 이 산출물의 개발에 도움이 되는가?

이 프로세스 이후에 실행해야 할 것

1. 방습지나 포스터 용지를 모아 배포용인 디지털 형식으로 다시 제작한다.
2. 나중에 모둠원들이 모여 그간의 활동을 돌아보고 소통 및 원형제작 계획을 논의할 일정을 잡는다.
3. 수행지표 목록을 작업 초안으로 제시해서 나머지 교직원에게 피드백을 구한다. 그것을 언제 어떻게 사용할지 토론한다.

- 교사와 학교는 표준화시험 결과데이터를 기반으로 교수관행을 수정하도록 요구받고 있지만, 시험은 교사가 날마다 수업의 목표를 어떻게 정할지 결정하는 데 도움이 되도록 설계되어 있지 않다.
- 현행 시험제도는 입학 첫날부터 졸업 때까지 학생의 학습에 학교 또는 학구가 기여한 바를 측정하도록 설계되어 있지 않다(pp. 1~2).

우리에게 필요한 평가는 "학생들에게 21세기 역량 발휘를 요구하며, 주로 수행에 기반을 둔 실제적인 것"이어야 한다는 게 이 백서의 제안이다(Partnership for 21st Century Skills, 2007, p 6). 전적으로 동의한다. 평가가 초교과적 교육효과들을 망라하도록 보장하는 한 가지 방법은 교육과정 청사진에 있는 초석과제를 사용하는 것이다.

초석과제

제4장에서 언급했듯이 우리는 교육과정을 장기적인 전이 교육효과에서부터 백워드(backward), 즉 역순으로 매핑할 것을 제안한다. '초석(cornerstone)'이라는 용어는, 초석이 건물의 주춧돌로서 토대를 탄탄히 해주듯이 초석과제가 교육과정을 단단히 고정시켜줘야 한다는 의도를 담고 있다. 초석과제는 학생들이 배운 것을 새롭고 실제적인 상황에 적용하게 함으로써 전이능력을 입증하도록 하기 때문이다. 달리 말하면 그 과제들은 교과 영역 안팎에서 우리가 추구하는 교육효과를 명확하게 보여준다.

초석과제는 학교를 벗어나 좀 더 넓은 세계에서 가치 있는 지식과 스킬을 보여주도록 이끄는 수행과제이다. 그 과제는 수학, 과학, 사회 등의 특정 교과내용일 수도 있고, 두 가지 이상의 교과내용 영역 혹은 미션과 관련된 성과를 포함하는 통합적인 것일 수도 있다.

다음은 초석과제의 일반적 특징이다.

- 수행에 기반하고, 학습의 응용과 전이를 필요로 한다.
- 수행할 실제 상황을 설정한다.
- 전 학년에 걸쳐 반복되면서 시간이 지남에 따라 점점 더 정교해진다.
- 초교과적 교육효과(예: 비판적 사고, 과학기술 활용, 팀워크)를 교과내용과 통합한다.
- 평가 또는 풍부한 학습활동으로 사용될 수 있다.
- 확정된 수행지표, 루브릭, 학생의 성장과 성취를 평가하기 위해 연속체상에 나타낸 수행을 포함한다.
- 학생들을 관련 학습에 참여시킨다.
- 학습자의 자기평가는 물론 성장에 대한 장기적인 추적을 가능케 하는 분석적·발달적 루브릭이 딸려 있다.
- 성취(교육효과)를 입증하는 이력서를 갖고 졸업할 수 있도록, 학생의 포트폴리오에 담을 성취증거를 제공한다.

초석과제의 목적은 '공통 평가'에 있으며, 일단 확정이 되면 교육과정의 일부가 될 것으로 예상할 수 있다. 단원에서는 각기 다른 평가를 사용할 수 있겠지만, 모든 교사가 이 초석과제를 학생들에게

사용해야 할 것이다. [도표 5. 5]는 평가의 다양한 유형과 초석과제
의 역할 간의 관계를 나타낸다.

[도표 5. 6]은 초석과제의 예이다. 학생들은 이러한 과제를 접하

[도표 5. 5] 초석과제와 기타 평가유형

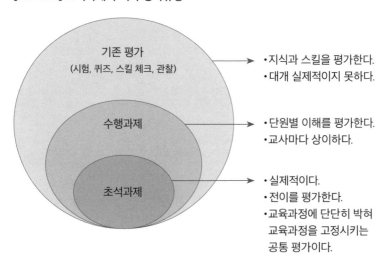

[도표 5. 6] 초석과제의 예

컨슈머어드바이저(Consumer Advisor) 웹사이트의 리포터가 되어, 당신이 살고 있는
지역에서 휴대전화 서비스 요금제 세 가지를 조사하고 여러 경우(한 달 요금제, 2년
약정, 4인 가족 요금제, 기타)에 대해 최선의 가격을 결정하시오. 가능한 비용(분당 통화료
와 문자 사용료, 신상폰의 가격, 조기 해지 비용 등)을 모두 분석자료에 포함시키시오.

당신의 보고서는 온라인상에 게재되는데 다음 사항이 포함되어야 합니다.
 •세 가지 요금제에 관한 분석
 •다양한 경우의 비용을 나타낸 표, 그래프, 또는 방정식
 •고객을 위한 권장사항

면서 여러 교과를 서로 별개의 것으로 배우는 것보다는 통합적으로 배우는 것이 의미 있는 학습임을 알게 된다.

접목하기

초교과적 교육효과와 기존의 학업과제를 통합하는 자연스러운 방식 한 가지는 우리가 '접목하기(grafting)'라고 부르는 프로세스를 밟는 것이다. 예컨대 한 교과의 초석과제가, 침입종의 유입이 특정 환경에 미치는 영향을 조사함으로써 생태계 역학에 관한 학생들의 지식을 표현하는 것이라고 가정해보자. 물론 학생들은 생태계에 관해 배운 모든 것을 이 상황을 분석하고 해결책을 내놓는 데 적용해야 하겠지만, 체계적인 사고능력 역시 발휘해야 한다. 교사는 다음의 수행지표를 과제에 적절하게 선택할 수 있다.

- 학생은 침입종의 유입으로 인해 생태계에서 특정한 장단기적 결과가 나타날 수 있는 경로와 이유를 파악하고 설명한다.
- 학생은 생태계와 같은 한 시스템의 구성이 시간이 지남에 따라 그 작용과 변화에 어떻게 영향을 주는지 인식하고 기술한다.
- 학생은 시간이 지남에 따라 변화하는 시스템의 요소들을 파악한다.

교사들은 이러한 프로세스를 거의 모든 수행과제에 적용할 수 있다. 다른 초교과적 교육효과와 관련된 수행지표를 선택할 수도 있지만, 그 연결이 실제적인지, 억지스럽지는 않은지를 까다롭게 확인해야 한다. 다시 말해 과제의 성공적인 수행을 위해서는 초교과적 교육효과를 반드시 효과적으로 적용해야 한다.

교사가 전통적이고 익숙한 과제(독서감상문)를 '과학기술을 이용할 줄 아는 사람, 비판적으로 사고하는 사람, 전달력이 있는 사람'이라는 초교과적 교육효과에 접목해 개선하면 어떻게 되는지 생각해보자([도표 5. 7]).

[도표 5.7]의 예시에서 '이야기를 요약한다'라는 본래의 의도가 언급되면서도, 과학기술 응용을 추가함으로써 과제가 향상된다는 점에 주목하자. 게다가 북훅스(Bookhooks)라는 과학기술을 이용함으로써 현실세계의 독자들에게 실제로 전달할 수 있게 된다.

리터러시 디자인 컬래버러티브(Literacy Design Collaborative, LDC)는 초석과제 구성에 훌륭한 자료를 제공한다. LDC는 교사들이 맞춤형으로 활용할 수 있는 일련의 일반 과제 템플릿을 개발했다. 그 과제 템플릿은 본래 6~12학년의 영어교과 주[국가]공통핵심성취기준(NGA & CCSSO, 2010a)과 더불어 과학, 사회, 기술 분야의 핵심 내용(Crawford, Galiatsos, & Lewis, 2011)을 중심으로 만들어졌다. 그 결과

[도표 5. 7] 접목한 평가과제의 예

> **전통적 과제** 주어진 형식에 맞게 『아모스 할아버지가 아픈 날(A Sick Day for Amos McGee)』의 독서감상문을 쓰세요.
> **접목한 과제** 여러분은 웹사이트(Bookhooks)에 게시할 『아모스 할아버지가 아픈 날』의 서평을 제출하도록 요청받았습니다. 수천 명의 아이들이 이 웹사이트를 방문해서 읽고 싶은 책을 찾아봅니다. 여러분이 쓴 서평에는 기본 줄거리 요약과 작품의 장단점에 관한 논평과 함께 추천 글이 담겨야 합니다. 시작하기 앞서, 다른 학생들의 서평(www.bookhooks.com/browse.cfm)을 살펴보며 서평을 잘 쓰는 요령을 알아보세요.

논쟁 과제 템플릿

_____(내용주제 또는 쟁점)에 관한 _____(정보 텍스트)를 조사한 다음,
_____(주제, 쟁점 또는 본질적 질문)에 관해 자신의 입장을 주장하는
_____(에세이 또는 대체물)을 작성하시오. 조사에서 찾은 증거로 자신의
입장을 뒷받침하시오. 반드시 출처를 인용하고 대립되는 견해를 확인하시오. 과거
또는 현재의 사건을 사례로 들어 자신의 입장을 구체적으로 보여주고 명확하게
밝히시오.

과제 예시
상업용 드론 사용(예: 배송)에 관한 학술논문을 조사한 후, 상업용 드론을 허용해야
하는지, 허용한다면 어떤 법령을 제정해야 하는지에 대해 자신의 의견을 밝히는
블로그 글을 작성하시오. 조사에서 찾은 증거로 자신의 주장을 뒷받침하시오.
출처를 인용하고 대립되는 견해를 확인하시오.

정보 또는 설명 과제 템플릿

질문: _____. _____(문학 또는 정보 텍스트)를 읽고,
_____(용어 또는 개념)을 정의하거나 설명하는 _____(에세이,
보고서, 기사 또는 대체물)을 작성하시오. 텍스트에서 찾은 증거로 자신의 논고를 뒷받침
하시오. _____(결론 또는 시사점)을 도출할 수 있습니까?

과제 예시
도전에 직면해 이를 극복하기 위해 고군분투한 사람들의 이야기를 읽은 다음, 투지와
기개의 중요성을 정의하고 설명하는 카툰스토리를 온라인 도구(예: Stripgenerator)를
이용해 작성하시오. 이때, 투지와 기개의 가치에 관한 자신의 결론이 카툰에
생생하게 드러나야 합니다.

출처: Literacy Design Collaborative (2014)에서 응용

학생들이 텍스트(문학과 정보 모두)를 읽고, 분석하고, 해석한 다음에
타당한 주장, 설명 또는 이야기를 쓰도록 하는 초석과제가 만들어
졌다. 우리는 LDC 템플릿이 일반적인 수행과제(CCSS뿐 아니라) 설계에
적합하고, 초교과적 교육효과와 접목시키는 데도 적합하다는 것을

발견했다.

[도표 5. 8]은 초석과제와 관련된 두 가지 LDC 템플릿의 예이다. 이 예에서 두 과제 모두 '과학기술을 이용할 줄 아는 사람, 비판적으로 사고하는 사람, 전달력이 있는 사람'이라는 초교과적 교육효과를 포함한다는 점에 주목하자. 두 번째 과제는 성향도 강조한다.

대체로 교사들은 자신이 내는 수행과제에 초교과적 교육효과가 늘 포함되어 있다고 말한다. 그 말이 맞을 수도 있다. 하지만 그것이 대개는 겉으로 드러나지 않았을 것이다. 초교과적 교육효과가 학교 미션의 일부라면, 우리는 그것을 명시적으로 평가해야 한다. 사실, 우리는 평가를 설계할 때 교육효과의 증거를 공통된 평가항목으로 둘 수 있는 비교적 쉬운 기회를 놓치고 있다. 이 접목 프로세스가 이미 표면 아래에 있는 초교과적 교육효과를 사용하는 데 도움이 될 수 있다.

이상적으로는, 장기적인 교과적·초교과적 교육효과에서부터 백워드로 계획된 교육과정은 수년에 걸쳐 구축되는 일련의 초석과제를 토대로 한다. 예컨대, [도표 5. 3]의 수행지표 연속체의 평가 측면을 참조하라. 이러한 과제들은 저학년에서는 단순하고도 점진적인 지원과 도움을 제공하는 것으로 시작해 학년이 올라감에 따라 점차 복잡하고 실제적인 것이 될 것이며 본질적으로는 되풀이될 것이다. 학습자의 자율성은 시간이 갈수록 높아질 것이다.

전 학년에 걸쳐 반복되는 초석과제를 선정하고 설계하는 일은 힘든 작업이다. 장기적인 전이목표와 관련 있고, 발달단계상 적합한 과제를 만드는 것이 초등학교 교사들에게는 더욱 힘들 수 있다. 이러한 과제가 어린 학생들에게는 너무 수준이 높고 어려워 보이기 때문이다. 아마도 다음 질문이 도움이 될 것이다. "학생들이 전이목표로의 성장을 보여주려면 이 학년 수준에서는 어떤 과제와 결과물 또는 성과를 수행할 수 있어야 할까?" 대부분의 경우 학생들이 이러한 전이목표를 보여줄 수 있는 기회는 모든 학년, 심지어 유아기에서도 찾을 수 있다. 전 학년에 걸쳐 일관성 있는 진전을 담보하려면, 학년 수준과 교과 영역 전반에 걸쳐 초석과제를 조직하고 연결하는 맵을 개발할 것을 권한다.

초석과제 맵

초석과제 맵(map)은 발달단계별 수행지표를 명시한다. [도표 5. 9]는 과학교과의 장기적 전이목표를 위해 베이징국제학교에서 개발한 반복적인 초석과제 맵이다. 그 과제들은 해당 학년에서 전이목표를 위해 발달단계상 적합한 수행을 보여주는 수행영역을 중심으로 구성되었다. [도표 5. 8]에도 수행지표를 통해 이러한 초석과제에 다양한 초교과적 교육효과를 접목한 예들이 나온다.

　모든 전이목표를 위한 초석과제가 해마다 있지는 않다. 학교는 초석과제가 학년 수준과 교과 영역 전반에 걸쳐 있도록 초석과제 맵을 개발할 것이다. 예컨대, 과학교과에 세 가지 전이목표가 있다면(TG1, TG2, TG3) 초석과제를 다음과 같이 분배할 수 있다.

　TG1: 어린이집, 2학년, 5학년, 8학년, 11학년
　TG2: 유치원, 3학년, 6학년, 9학년, 12학년

[도표 5. 9] 과학교과에서 반복되는 초석과제 지도의 예

전이목표	학생들은 현상, 주장, 결과, 정보 등을 조사하는 데 과학적 접근법과 방법론을 사용한다.				
관련 스킬	질문하기	가설 세우기	실험 고안하기	자료 수집하기	결론 도출하기
반복되는 초석과제					
학년	과제		초교과적 교육효과와 수행지표		
9학년	**소비자학** 학생들은 제품을 비교하기 위해 적절한 과학적 탐구방법을 고안하고, 연구를 수행하고, 결과를 해석한다. 최고의 제품을 주장하고 탐구 및 결과, 결론의 해석을 발표한다. 학생들은 발표자가 자기의 주장을 얼마나 효과적으로 전달하는지 판단한다. (예: 조사를 세심하게 계획하고 실행해서, 다이어트 또는 건강관리 제품 중에서 광고 내용과 구매 이유가 가장 과학적으로 뒷받침되는 제품이 어느 것인지 밝혀낸다.)		**의사소통** • 과학적 증거를 설득력 있게 언급하며 주장과 결론을 명확하게 진술한다. • 주장과 결론을 효과적으로 전달하는 방식으로, 철저한 조사에서 나온 자료를 전달한다. • 흥미롭고 설득력 있는 전달을 위해 다양한 디지털 매체(사진 촬영, 오디오, 비디오, 웹 제작, 디지털편집, 프레젠테이션 슬라이드 등)를 이용하고 통합한다.		
7학년	**찾고 해결하기** 학생들은 적절한 과학적 탐구방법을 고안함으로써 가상도시의 지속가능성 이슈에 대한 다양한 해결책을 연구하고 검토한다. 신빙성에 대한 근거 자료와 주장을 평가하고 그 결과를 토대로 의견을 제시한다. 학생들은 탐구 및 결과, 결론의 해석을 발표한다. (예: 좀 더 지속가능한 에너지원을 만들기 위해 지역 식당과 포장마차의 식용유를 수집해서 재활용할 계획과 절차를 제안한다.)		**세계시민** • 시간이 지남에 따라 변해서 지속 가능성을 유지하기 위한 해결책이 요구되는 시스템 요소를 파악한다. • 원하는 결과든 원치 않는 결과든, 행동이 어떻게 결과를 만들어낼 수 있는지 설명한다. • 이슈에 대한 기존 해결책의 유효성과 영향을 평가한다.		

5학년	**증명하라!**	**의사소통**
	학생들은 공정하고 편향되지 않은 과학실험을 고안하고 실행하며, 이 경험을 통해 남들이 그대로 따라 할 수 있는 쉽고 자세한 절차를 만들어낸다. 또래 친구가 실험하고 결과와 결론을 발표하면, 그에 대해 토론한다. (예: 어떤 종이타월 제품이 가장 흡수력이 좋은지 알아보기 위해 통제된 실험을 수행한다. 남들이 쉽고 정확하게 절차를 수행할 수 있도록 '증명하라 가이드'를 만든다.	• 명확한 절차 가이드를 개발한다. • 청중과 목적에 알맞은 톤과 구조를 사용한다. • 그래프, 자료, 디지털 요소 등을 활용해 전달의 효과를 높인다.
2학년	**자신만의 실험 만들기**	**비판적 사고**
	학생들은 여러 질문 중 하나에 답하기 위해 과학적 방법을 따른다. 질문하기, 가설 세우기, 실험하기, 관찰하기, 결론 내리기로 나누어 각각 따로 검토한다. (예: 자석이 어떤 물체를 끌어당길지 예측하고 관찰한다.)	• 발견하고, 탐구하고, 실험한다. • 가능한 답들을 검증하기 위해 질문을 고안하고 간단한 방법론을 개발한다. • 관찰을 통해 질문에 답하고, 논리적인 설명을 구성하며, 문제를 해결하고, 무언가를 창조한다.
어린이집	**공정하게 해요**	**비판적 사고**
	학생들은 페어테스트(fair test, 과학적인 방식으로 질문에 답하기 위해서 사용되는 통제된 조사기법-옮긴이)의 개념을 이해하고, 그것을 사용해 새롭고 간단한 조사를 수행한다. 또한 검증할 수 있는 질문법을 배우고, 어른의 지원 아래 페어테스팅 환경을 만들려고 시도한다. 실험의 결과와 결론을 정리해서 발표한다. (예: 그것은 물에 뜰까? 물에 뜨는 다양한 물체의 속성을 조사한다. 어째서 어떤 것은 물에 뜨고 어떤 것은 가라앉는지 그 이유에 관해 간단한 가설을 세운다.)	• 주위 환경을 관찰한다. • 자신의 경험을 바탕으로 단순하게 판단을 내린다. • 간단한 평가기준을 사용해 기초적인 실험과 평가를 한다. • 자신이 관찰한 것을 바탕으로 결론을 내린다.

출처: International School of Beijing(2013), 허가받고 사용

TG3: 1학년, 4학년, 7학년, 10학년

이러한 초석과제 배치 덕에 교사들은 시간이 지남에 따라 이 과제를 통해 드러나는 학습욕구를 다룰 수 있다. 달리 표현하면, 만일 2학년 TG1 영역에서 약점이 드러난다면, 그것을 3학년과 4학년에서 명확하게 다루고 5학년에서 재평가할 수 있다. 이러한 배치 덕에 유사한 수행 영역 및 갈래에 걸쳐 학생 성장의 장기적 변화과정을 파악할 수 있게 된다.

[도표 5. 10]은 4가지 교과목의 장기적 전이목표에 연계된 초석과제 중 K-12 맵의 예이다. 이 초석과제들은 비록 여러분이 초교과적 과제를 몇 가지 발견하더라도, 교과 내에서 파악된 장기적 전이목표로부터 백워드로 매핑된 것들이다. 또 이러한 과제에는 4Cs(Critical thinking·Creativity·Collaboration·Communication, 비판적 사고·창의성·협업·의사소통-옮긴이)의 초교과적 교육효과가 다양한 조합으로 접목되었다는 것에 주목하게 될 것이다.

이 도표에 나오는 예는 교육과정의 일부로 설계되고 모든 학생을 대상으로 한다는 점에서 다소 표준화된 평가시스템을 시사한다. 그러나 학구와 학교에서는 이 시스템 내에서 교사와 학생들에게 선택권을 부여할 수 있을 것이다. 예컨대, 교사는 목표로 정한 전이목표와 갈래에 대해 적절한 증거를 제공하기만 한다면 다른 과제를 이용할 수 있다. 학생들에게 좀 더 개인화된 접근법을 쓴다면 그들이 과제나 프로젝트를 제안하고, 그것을 수행함으로써 목표로 설정된 전이목표 한두 가지와 관계있는 수행증거를 보여줄 수도 있다.

학년	영어	수학	과학	사회
12학년	독립학습 프로젝트 영어, 과학 또는 사회 [비판적 사고, 의사소통]	수학 모델링 프로젝트 (평생 저축 및 투자) [비판적 사고, 의사소통]	독립학습 프로젝트 영어, 과학 또는 사회 [비판적 사고, 의사소통]	독립학습 프로젝트 영어, 과학 또는 사회 [비판적 사고, 의사소통]
11학년	패러디 또는 풍자 촌극 영어, 과학 또는 사회 [창의성, 협업, 의사소통]	놀이공원 물리학 과학과 연계 [비판적 사고, 의사소통]	화학범죄 현장 [비판적 사고, 협업, 의사소통]	문제해결 캠페인 [비판적 사고, 협업, 의사소통]
10학년	단편소설, 노래, 시 [창의성, 의사소통]	통계로 속이는 방법 프로젝트 [비판적 사고, 협업, 의사소통]	유전학 프로젝트 과학, 사회 [비판적 사고, 의사소통]	헌법적 견제와 균형 [비판적 사고, 의사소통]
9학년	시청각 발표가 있는 연구프로젝트 [비판적 사고, 의사소통]	일차방정식이 있는 수학 모델링 [비판적 사고, 의사소통]	지진학 [비판적 사고, 협업, 의사소통]	동시대의 쟁점 토론 [비판적 사고, 의사소통]
8학년	갈등 원인 연구프로젝트 영어, 사회 [비판적 사고, 의사소통]	자신의 이상적인 침실 설계 [비판적 사고, 의사소통]	소비자학자 [비판적 사고, 협업, 의사소통]	갈등 원인 연구프로젝트 영어, 사회 [비판적 사고, 의사소통]
7학년	자서전 [의사소통]	계약자의 제안서 [비판적 사고, 의사소통]	수질검사 [비판적 사고, 의사소통]	역사: 누구의 이야기? 관점 검토 [비판적 사고]

학년	영어	수학	과학	사회
6학년	개인적인 이야기 [의사소통]	운동연구 과학, 보건 또는 체육 [비판적 사고, 창의성, 협업]	증명하라! [비판적 사고, 의사소통]	인간과 환경 [비판적 사고, 의사소통]
5학년	이동하는 인간 연구프로젝트 영어, 사회 [비판적 사고, 의사소통]	기금모금 프로젝트 [비판적 사고, 창의성, 협업, 의사소통]	자신만의 실험 수행하기 [비판적 사고, 의사소통]	이동하는 인간 연구프로젝트 영어, 사회 [비판적 사고, 의사소통]
4학년	작가들의 파티 프레젠테이션 [협업, 의사소통]	기하학 마을 [비판적 사고, 창의성, 협업]	씨앗심기 프로젝트 [비판적 사고, 협업, 의사소통]	우리가 사는 곳과 살아가는 방식 [비판적 사고, 의사소통]
3학년	개인적인 이야기 [창의성, 의사소통]	측정하라! [비판적 사고, 창의성, 협업]	증명하라! [비판적 사고, 의사소통]	공통점과 차이점 [비판적 사고, 협업]
2학년	팸플릿과 프레젠테이션 방법 [의사소통]	동물원(서식지) STEM 프로젝트 [비판적 사고, 창의성, 협업]	동물원(서식지) STEM 프로젝트 [비판적 사고, 창의성, 협업]	욕구와 필요 [비판적 사고, 의사소통]
1학년	아이의 충고 [창의성, 의사소통]	파티타임 [창의성, 협업]	물에 뜰까? [비판적 사고, 협업]	나와 가족 [창의성, 의사소통]
유치원	글자 노래 [창의성]	숫자 미로 [창의성, 협업, 의사소통]	모든 감각을 동원해 자세히 관찰하기 [비판적 사고]	나에 관한 모든 것 [창의성, 의사소통]

루브릭

앞서 언급했듯이, 견고한 초석과제는 확립된 준거(criteria)를 사용해서 평가할 수 있다는 특징이 있다. 루브릭(rubric, 채점기준표-옮긴이)은 확립된 준거와 수행 척도를 결합하는 평가도구이다. 루브릭으로 개방형 과제, 수행과제, 프로젝트 등에 대한 학생들의 반응을 판단할 수 있다. 잘 개발된 루브릭은 다음과 같은 몇 가지 장점을 지닌다.

- 학생의 수행을 판단하는 데 가장 중요한 준거를 명시한다.
- 수업의 목표를 명확하게 해주고 교수·학습의 목표로 기능한다.
- 교사와 학습자에게 구체적인 피드백을 제공한다.
- 학생들의 자기평가에 기여한다.

게다가 학년 단위 또는 부서 단위에서 공통의 루브릭을 사용하면, 학생의 수행을 좀 더 일관성 있게 평가하는 등 신뢰도가 높아진다(Goldberg & Roswell, 1998).

교과목 영역에는 학생의 작품과 수행을 평가하기 위한 잘 개발된 루브릭 자료가 많다. 그러나 더 넓은 범위의 초교과적 교육효과를 평가하려면 교사 스스로 루브릭을 만들어야 한다. 이때 수행지표 목록을 파악하는 것이 중요한 첫 단계가 된다. 그런 다음에 수행지표들을 분석 루브릭이나 발달단계의 연속체에 포함시킬 수 있다. [도표 5. 11]은 4Cs의 하나인 협업 스킬을 평가하기 위한 예이다.

[도표 5. 11] 협업을 평가하기 위한 분석 루브릭의 예

협업의 수행지표	모둠의 목표 달성을 위해 노력하기	효과적인 대인관계 스킬 발휘하기	모둠의 지속에 기여하기	모둠에서 다양한 역할을 효과적으로 수행하기
4-숙련가	모둠의 목표를 파악하는 일을 적극 거들고, 그것을 달성하기 위해 열심히 노력한다.	모둠 내 원활한 상호작용을 적극 추동하고, 타인의 감정과 지식을 민감하게 헤아리며 생각과 의견을 표현한다.	모둠이 내부 프로세스에 필요한 변화나 조정을 파악하도록 적극 돕고, 그 변화를 수행하기 위해 노력한다.	모둠 내에서 다양한 역할을 능숙하게 수행한다.
3-실천가	모둠의 목표에 대한 헌신을 약속하고, 맡은 역할을 효과적으로 수행한다.	부추기지 않아도 모둠 내 상호작용에 참여하고, 타인의 감정과 이해를 민감하게 헤아리며 생각과 의견을 표현한다.	모둠이 내부 프로세스에 필요한 변화나 조정을 파악하는 것을 돕고, 그 변화를 수행하기 위해 노력한다.	모둠 내에서 한 가지 이상의 역할을 충분히 수행한다.
2-견습생	모둠의 목표에 대한 헌신을 약속하지만, 맡은 역할을 수행하지는 않는다.	부추겨야 모둠 내 상호작용에 참여한다. 또는 타인의 감정과 이해를 고려하지 않고 생각과 의견을 표현한다.	부추겨야 모둠의 내부 프로세스에 필요한 변화나 조정을 파악하는 것을 돕는다. 그 변화를 수행하는 데 최소한으로만 관여한다.	모둠 내에서 한 가지 이상의 역할을 수행하고자 시도하지만, 보조 역할은 거의 성공하지 못한다.
1-초보자	모둠의 목표를 위해 노력하지 않거나 오히려 그에 반하는 행동을 한다.	심지어 부추겨도, 모둠 내 상호작용에 참여하지 않는다. 또는 타인의 감정과 이해를 고려하지 않은 채 생각과 의견을 표현한다.	심지어 부추겨도, 모둠의 내부 프로세스에 필요한 변화나 조정을 파악하려 하지 않거나, 그 변화를 수행하기 위해 노력하기를 거부한다.	심지어 부추겨도, 정해진 역할을 수행하려 하지 않거나 보조 역할 하는 것도 거부한다.

출처: Marzano, Pickering, & McTighe(1993)에서 응용

초교과적 교육효과에 대한 더 많은 루브릭의 예는 다음 웹사이트를 참조하자(바로 연결되는 **go.solution-tree.com/leadership**을 방문하라).

- EdLeader21(www.edleader21.com/order.php)
- Catalina Foothills School District's Global Citizen Lifelong Learners(www.cfsd16.org/public/_century/pdf/Rubrics/CFSDCritical &Creative ThinkingRubrics.pdf)
- DoDEA21(https://content.dodea.edu/VS/21st_century/web/21/21_ skills_reflection_evaluation_rubrics.html)

우리는 초석과제를 위한 루브릭이 이해, 전이, 미션 관련 성과의 평가증거를 풍부하게 제공한다고 믿지만, 평가앨범을 풍성하게 하는 데 있어 좀 더 전통적인 평가의 역할이 분명히 있다. 당연하게도 교사들은 지식과 스킬 습득을 확인하기 위해 계속해서 시험과 퀴즈를 사용할 것이다. 국가 또는 주(州) 시험, AP(Advanced Placement, 대학과목선이수제) 시험, IB(International Baccalaureate, 국제바칼로레아) 시험을 포함해 대외적인 표준화 평가는 학교·학구·주·국가 간에도 비교가 가능한 성취 측정치를 제공한다.

미션선언문에 포함된, 파악하기 좀 더 어려운 특성과 스킬을 세심하게 확인하려면 다른 평가방법이 필요할 듯싶다. 예를 들어 일부 학교는 학생들과 함께 학습유형 진단도구를 사용한다. 갤럽(Gallup)의 스트렝스파인더 2.0(StrengthsFinder 2.0)은 기업계에서 인기 있는 프로그램이지만 학생들의 적성을 분석하는 데에도 유용하다. 이와 유사하게 펜실베이니아대학의 그릿(grit, 어떤 역경에도 굴하지 않는 끈기와 열정, 근성-옮긴이) 조사는 사람의 회복력과 인내력 측정을 목적으로 한다. 우리는 또한 교사의 미션에 포함된 소프트 스킬(soft skills)과 성향을 학생들 스스로 정기적으로 평가하기를 권한다. 그렇게 함으로써 학생에 관한 데이터 풀(pool)이 계속 확장될 수 있을 것이다.

결론

이 장에서는 우리의 '모든' 목표, 즉 테스트하고 채점하기 가장 쉬운 목표만이 아니라 미션에 포함된 더 큰 목표를 평가하기 위한 포괄적인 평가시스템의 요소를 탐구했다. 이제는 계획적인 교육과정과 평가 프레임워크가 우리의 비전을 전적으로 뒷받침한다고 말할 수 있다. 또 그 결과로 얻은 학생들의 수행데이터를 사용해 우리가 추구하는 21세기 학습을 향해 제대로 가고 있는지 확인할 수 있다.

다음 장에서는 백워드 설계의 세 번째 단계로 이동해서 우리의 미션 달성에 필요한 수업 유형을 검토한다. 또한 21세기 학습을 위한 교수전략 및 자원을 선정하는 데 가이드가 되어줄 명확한 학습원리를 확인하는 것의 중요성에 대해서도 기술할 것이다. 그런 다음 교수 방법을 우리의 다양한 목표에 맞게 연계시킬 프레임워크를 소개하겠다.

제6장

미래학습을
위한 수업

교수 실천·자료·도구를 미래학습의 목표와 어떻게 연계시킬까?

이 책에서 설명하는 유형의 교육효과에 전념하는 학교나 학구라면, 우리는 그곳에서 어떠한 교수·학습 유형을 보게 될까? 일렬로 앉아 교사의 강의내용을 열심히 필기하는 학생들을 보게 될까? 학생들이 모둠으로 나뉘어 협업프로젝트를 수행하는 모습을 보게 될까? 아니면 역량기반 학습모듈을 완성하기 위해 컴퓨터 앞에서 헤드폰을 끼고 각자 작업하는 학생들을 보게 될까? 아니면 학교건물이 아닌 가상공간에서 학습하는 학생들을 보게 될까? 이와 동일하거나 유사한 일들이 모두 가능하다. 그렇다면 이제 우리는 교수·학습의 미래를 어떻게 정해야 할까?

지금까지 우리는 이상적인 미래를 정의하고, 그 미래를 반영하는 비전과 미션을 만들고, 기대하는 교육효과를 확인했다. 백워드 설계 프로세스를 이용해서 이러한 교육효과를 중심으로 한 교육과정 청사진을 개발했으니 우리가 어디로 가고 있는지 알고 있다. 또 성공의 척도가 되는 초석과제와 기타 평가증거를 충분히 검토했다. 이제 우리가 평가할 것이 무엇이고 어떻게 평가할지 정확히 알고 있으니, 한발 물러서서 거기에 도달하는 데 필요한 학습계획을 구체화할 수 있다.

이 장에서는 21세기 학습에 적합한 지도방식을 살펴본다. 먼저 학교에서 교수 및 전문성 개발을 견인할 수 있는 명확한 학습원리의 중요성을 논하는 데서 시작하고자 한다. 그러고 나서 습득(Acquisition), 의미 만들기(Meaning Making), 전이(Transfer) 프레임워크와 그것이 실제 수업에 미치는 영향을 검토할 것이다. 끝으로 학습을 개인화하기 위한 아이디어를 탐색하고, 목표로 정한 교육효과 달성에 있어서 학습자들을 지원할 전략적 도구를 소개할 것이다.

학습원리

학습에 대한 다양한 접근법과 구체적인 교수법을 논하기 전에 학습원리를 좀 더 종합적으로 숙고해볼 것을 권한다. 사실 인지심리학 연구와의 융합(Bransford, Brown, & Cocking, 2000; Hattie, 2009), 학생성취도 연구(Newmann, Bryk, & Nagaoka, 2001), 신경과학(Willis, 2006)은 교육자들에게 미래학습의 코스를 계획할 수 있는 견고한 나침반을 제공한다. 학교에서 이 지식기반을 조작할 수 있는 실질적인 방법은, 수업의 지침이 될 연구와 모범사례를 반영하는 학습원리를 파악하는 것이다.

예를 들어, 「An Implementation Framework to Support 21st Century Skills(21세기 역량을 지원하기 위한 실행 프레임워크)」(McTighe & Seif, 2010)라는 논문에는 다음과 같은 학습원리가 제시되어 있다. 학습원리에 이어 실제 수업을 위한 구체적인 시사점이 나오는 형식이 특징적이다.

1. 학습은 분명한 목적을 가지며 맥락에 영향을 받는다. 따라서 학생들은 자신이 배우는 것에서 그 목표를 알 수 있도록 도움을 받아야 한다. 학습은 연관된 질문, 유의미한 과제, 실제적 응용으로 구성되어야 한다.

2. 전문가들은 전이 가능한 핵심 개념('대개념')을 중심으로 지식을 구성하거나 덩어리로 묶는다. 이렇게 하면 관련 분야에 대한 사고가 용이해지고 새로운 지식과 통합하기도 쉽다. 따라서 내용 지도(content instruction)는 분절적인 사실지식과 스킬이 아니라 핵심 아이디어와 전이 가능한 프로세스의 관점에서 구성되어야 한다.

3. 분류와 범주화, 추론, 분석, 종합, 상위인지(metacognition)와 같은 다양한 사고 유형이 학습을 가능하게 하고 향상시킨다. 따라서 학습

활동은 학습을 심화하고 응용하는 '고등사고(higher-order thinking)' 과정에 학생들을 참여시키는 것이어야 한다.

4. 학습자가 자신이 배운 것을 새롭고 낯선 상황과 문제에 응용하고 전이하며 적용할 수 있으면, 자신의 이해를 드러내고 구체적으로 보여줄 수 있다. 따라서 교사는 전이를 위해 가르쳐야 하며, 학생들은 의미 있고 다양한 맥락에서 학습을 적용할 수 있는 기회를 많이 가져야 한다.

5. 새로운 학습은 사전지식(prior knowledge)을 기반으로 한다. 학습자는 자신의 경험과 배경지식을 이용해 자신과 주위 세계의 의미를 적극적으로 구성한다. 따라서 학생들은 새로운 정보와 아이디어를 이미 알고 있는 것과 적극적으로 연결할 수 있게 도움을 받아야 한다.

6. 학습은 사회적이다. 따라서 교사는 협력적인 환경에서 상호작용하며 학습할 기회를 제공해야 한다.

7. 태도와 가치관은 경험과 인식을 여과함으로써 학습에 영향을 준다. 따라서 교사는 학생들이 태도와 가치관을 명확하게 하고 그것이 학습에 어떤 영향을 주는지 이해하게 해줘야 한다.

8. 학습은 한 단계에서 그다음 단계로 순차적으로 진행되는 것이 아니라 시간이 흐르면서 발전하고 심화된다. 따라서 학생들은 시간이 지남에 따라 더 깊이 있고 정교한 학습이 가능하도록 핵심 개념과 프로세스를 재차 논의해야 한다.

9. 탁월성(excellence, 교육학에서는 수월성이라는 용어로 통용됨-옮긴이)의 본보기와 지속적인 피드백은 학습과 성과를 향상시킨다. 따라서 학습자에게 탁월한 학업모형을 보여주고, 규칙적이고 시의적절하며 쉽게

수용할 수 있는 피드백을 제공함으로써 그들이 학업을 계속 연마하고 다시 시도하고 재고하고 수정할 수 있도록 해야 한다.

10. 학습자가 선호하는 학습방식, 사전지식, 관심사 등을 효과적으로 수용하면 학습이 향상된다. 따라서 교사는 사전평가를 실시해서 학생들의 사전지식, 학습선호도, 관심사를 파악해야 한다. 또 이렇게 발견한 학생들 간의 중요한 차이점을 다루기 위해 수업을 개별화해야 한다(p.153).

학습원리를 확정 짓는 한 가지 방법은 학습에 관한 연구를 검토하고 이전에 개발된 학습원리 모음집에 대한 조사업무를 소규모 위원회에 부여하는 것이다(Brandt, 1998; Wiggins & McTighe, 2007). 이렇게 함으로써 대규모 교원에게 확정된 학습원리를 권고할 수 있을 것이다. 그러나 우리가 아는 대부분의 교육자들은 바쁘고 그들이 수행하는 무수한 다른 직무를 감안할 때, 그러한 활동에 시간을 할애하기가 어려울 것이다.

학습원리를 확정 짓는 좀 더 효율적인 접근법은 맥타이(McTighe)와 위긴스(Wiggins)가 수년간 사용한, '최고의 학습(Best Learning)'으로 알려진 훈련을 통해 가능하다. 이 귀납적 훈련은 교육자들이 자신이 경험했던 깊이 있고 의미 있는 학습을 돌아보고, 그 경험들의 특징을 찾아내도록 고안되었다. 이 프로세스를 통해 교직원이나 같은 학년 또는 같은 과목을 맡은 교사팀은 학습원리를 확정 짓고 이를 행동의 지침으로 삼을 수 있다.

최고의 학습 훈련

최고의 학습 훈련은 세 부분으로 구성되어 있다. 먼저, 참가자들에게 자신의 인생에서 깊이 있는 학습을 한 적이 있는지 생각해보고 그 경험을 구체적으로 떠올리게 한다. 이때 전통적인 학교교육에 국한하지 않고 생각하게 한다. 참가자들이 떠올리는 사례의 대부분은 새로운 취미 배우기와 같이 학교 밖 경험일 가능성이 높다. 그런 다음 그 학습경험의 특징을 떠올려 목록으로 적게 한다. 말하자면, 학습에서 가장 효과적인 요소(목표, 순서, 자원, 방법, 평가 등)가 무엇이었는지 적는 것이다. 3~4분 동안 각자 생각하고 쓴다.

그다음, 참가자들은 4~5명으로 구성된 모둠에서 각자 쓴 목록을 발표하고, 다양한 사례의 공통 요소가 무엇인지 경청한다. 서기는 모둠에서 공유한 요소들을 종합하여 목록을 작성해야 한다. 모둠 규모에 따라서 공유하고 종합하는 데 8~12분이 소요된다.

마지막으로, 각 모둠에서는 모둠원이 파악한 공통 특성 중 하나를 공유하고 이를 프로젝터나 차트용지를 활용해 공개적으로 게시한다. 공통 특성이 모두 종합목록으로 게시될 때까지 모둠에서 모둠으로 돌린다. 여기에도 대략 8~12분이 소요된다.

전 세계의 다양한 모둠 사이에서 보이는 반응의 유사성은 놀랄 정도이다. 다음은 이 훈련에서 이끌어낸 깊이 있는 학습경험의 대표적인 특징들이다. 학습이 깊이 있고 의미 있기 위해서는 다음과 같은 조건을 충족해야 한다.

- 학습자가 학습의 목표와 평가방법을 알고 있다(최종 결과와 관련해 애매함이나 불확실성이 없다).
- 학습자가 목표를 적절하고 가치 있는 것으로 여긴다.
- 학습과 평가과제가 실제적이다(관련성 및 실생활 적용에 중점을 둔다).
- 루브릭과 같은 평가기준이 처음부터 제시되고 설명된다.
- 기대하는 수준을 명확하게 알 수 있도록 탁월성의 본보기를 공유한다.
- 지속적인 평가로 학습자에게 상세한 피드백을 제공한다.
- 피드백을 받은 후 학습자는 연습하고, 개선하고, 다시 할 기회를 갖는다.
- 새로운 것을 배울 때 실수해도 괜찮다는 것을 학습자가 알고 있다.
- 다른 사람들과 협업할 기회가 자주 있다.
- 자신이 학습한 것을 산출물과 수행을 통해 어떻게 보여줄 것인지 학습자가 선택할 수 있다.
- 교사는 적대자가 아니라 코치나 지원자의 역할을 한다.
- 학습자가 자신의 학습을 성찰하고 평가결과를 토대로 앞으로의 목표를 세울 수 있도록 격려받는다.

교직원 모두가 이해하고 주인의식을 갖기 위해서는, 공동의 학습원리를 확정 짓는 프로세스에 적극적으로 참여해야 한다. [도표 6. 1]은 이를 수행하기 위한 하나의 프로세스를 제시한다.

[도표 6. 1] 학습원리를 확정 짓기 위한 프로토콜

목표: 학교 또는 부서에서 합의한 일련의 학습원리

프로토콜

1단계: 공통의 학습원리에 합의하는 목적과 취지를 토론한다.

2단계: 교직원들을 '최고의 학습 훈련'에 참여시킨다. 응답 데이터 초안을 수집, 취합한다. (참고: 부모들과 학생들도 이 훈련에 참여할 수 있다.)

3단계: '최고의 학습 훈련'의 응답 데이터 목록을 교직원 모둠(학년 단위 팀, 부서, 분과 단위 등)에 배포해 이를 검토하고 제언하도록 한다. 이때 각 모둠은 다음 질문을 고려한다.

• 이 목록에 중요한 학습원리가 모두 반영되었는가?

• 원리들이 명확하게 진술되고 이해하기 쉬운가?

• 각각의 원리가 우리의 일에 시사하는 바는 무엇인가? 명시된 원리에 더 잘 부합되도록 기존의 관행 중 일부를 바꿀 필요가 있는가?

(주의: 개발된 학습원리의 추가 사례도 이때 검토할 수 있다.)

4단계: 각 모둠은 제안받은 수정·추가·삭제 사항을 담당 팀에 제출하고, 그 팀은 여러 모둠의 의견을 검토해서, 종합하고 다듬은 하나의 목록을 만든다.

5단계: 다듬은 학습원리 목록을 2차 검토를 위해 나눠준다. 만일 모둠에서 중요한 수정안을 제안하면, 대부분이 동의하는 학습원리 목록이 만들어질 때까지 그 프로세스를 계속한다.

6단계(선택사항이지만 권장됨): 학습원리의 최종 목록은 교직원의 검토와 승인을 위해 제출된다. 여기에 서명함으로써 교직원은 합의된 학습원리에 따라 행동할 것을 수용하고 동의한다.

---

go.solution-tree.com/leadership을 방문하면 이 도표를 복사할 수 있다.

학구, 학교 또는 부서에서 학습원리를 확정했다면, 적극적으로 활용할 수 있는 교수·학습 관련 대화를 위한 공통의 언어를 가진 셈이다. 학습원리는 다양한 학교 활동의 기준으로 기능한다. 여기에는 여러 지도전략 중에서 선택하기, 교과서와 소프트웨어와 같은 자

료 선정하기, 수업관찰 동안 예상지표 확인하기 등이 포함된다. 주의할 점은 학교에서 채택하는 어떤 학습원리도 고정불변의 것이 되어서는 안 된다는 것이다. 새롭게 부상하는 연구와 통찰을 반영하도록 교직원은 이 원리를 주기적으로 재검토하고 다듬을 수 있(고 그래야 한)다.

학급 수준 수업의 백워드 설계

학구 전체의 교육과정을 구축하든지 학급 수업을 계획하든지 간에, 바라는 결과(1단계)와 학습의 성공증거(2단계)를 명확히 하기 전에 백워드 설계의 3단계로 성급히 뛰어드는 것을 피해야 한다. 학생들이 무엇을 하고, 무엇을 읽고, 무엇을 배워야 하는지와 관련한 교사들의 계획이 단순히 '학생들이 월요일에 해야 할 일'에 맞춰져 있는 경우가 많다. 물론 날마다 할 일을 계획하고 순서를 정할 필요는 있다. 그러나 교수행위는 목적에 이르는 수단임을 인식할 필요도 있다. 교사의 수업 방법, 학생들의 학습경험, 교사가 사용하는 자원은 모두 최종 목표를 향해야 하며, 서로 다른 목표는 서로 다른 방법을 필요로 한다.

습득(Acquisition), 의미 만들기(Meaning Making), 전이(Transfer)의 AMT 프레임워크는 서로 관련이 있으면서도 뚜렷이 구별되는 세 가지 목표를 다룬다. 이 목표는 교사와 학습자의 역할과 활동에 영향을 미친다.

습득

'습득(Acquisition)'은 기초적인 정보와 스킬을 학습한다는 목표를 가리킨다. 일반적으로 습득의 목표는 자동화(automaticity)이다. 말하자면, 우리는 학생들이 구구단이나 외국어의 동사 활용형처럼 묻는 즉시 답을 생각해낼 수 있고, 농구공을 드리블하거나 기어를 바꾸는 것처럼 의식하지 않고도 기초적인 스킬을 수행할 수 있기를 바란다. 단언컨대, 전통적인 교육은 대체로 습득기반의 것이었고, 그에 따라 학생들은 기계적 학습을 통해 한정된 지식체계의 암기에 치중했다. 읽기와 같은 기초학습은 의심의 여지 없이 여전히 근본적인 교육목표로 남겠지만, 지식에 즉시 접속할 수 있게 하는 과학기술의 힘은 학교교육에 중요한 질문을 제기한다. 예컨대 기억에 저장해둘 정보는 무엇이고 접속할 수 있어야 하는 정보는 무엇인가? 맞춤법, 덧셈, 지도읽기와 같이 널리 사용할 수 있는 앱(app, 응용프로그램 application의 약어-옮긴이)을 고려할 때, 어떤 기초스킬들이 쓸모없게 될까?

이제 교사의 역할은 직접 설명, 강의, 질문, 모델링, 스킬 연습을 포함해 검증된 교육법을 사용해서, 목표로 정한 지식과 스킬을 학습자가 습득하도록 돕는 것이다. 학습자의 역할은 정보를 습득하는 것이다. 학습자는 집중해서 듣고 필기하고, 주의 깊게 읽고 관찰하며, 기억술을 적용하고, 시연해야 한다. 스킬의 숙련도를 높이려면, 학습자는 전문가인 교사가 스킬의 시범을 보여주는 것을 주의 깊게 지켜보고, 그 스킬을 부지런히 연습하고, 수행을 향상시키기 위해 피드백을 구하고 활용해야 한다.

의미 만들기

이해한다는 것은 무언가를 아는 것과는 질적으로 다르다. 역사적인 사실을 그 의미는 이해하지 못한 채 알고 있는 학생들, 우리는 누구나 이런 학생을 본 적이 있지 않은가? 수학 공식을 암기하고 문제지에 있는 숫자를 공식에 끼워 넣지만 더 복잡한 문제 상황에서는 그 공식을 '언제' 사용해야 하는지를 이해하지 못하는 학습자는 또 어떤가? 무엇인가를 진정으로 이해하는 사람은 자신의 언어로 그것을 효과적으로 설명할 수 있고, 새로운 연결을 만들어낼 수 있으며, 새로운 맥락에 적용할 수 있고, 다양한 관점에서 해석할 수 있다.

그러한 이해는 의도적인 지적 노력을 통해 '획득되어야 한다'는 것이 바로 우리의 주장이다. 기계식 학습과 암기로 사실지식을 습득하고 부지런히 연습해서 기초적인 스킬에 숙달할 수는 있지만, 이해한다는 것의 목표는 의미 만들기(Meaning Making)라는 적극적인 과정을 필요로 한다. (농담을 이해했을 때 '아하' 했던 경험을 생각해보라.) 사실, '이해에 도달하다'라는 문구는 학습자가 그저 읽거나 듣는 것만으로는 추상적인 개념을 완전히 파악할 가능성이 거의 없음을 시사한다. 그보다는 그것에 대해 생각하고, 익숙한 것과 연결하려 하고, 의문을 제기하고, 시도하며, 다른 관점에서 바라보고, 추론하고 이를 검증하며, 또 재고해야 한다.

추상적인 개념을 이해하는 것은 궁극적으로 학습자의 마음속에서 이루어지기 때문에, 교사는 통찰을 말로 전달할 수는 없다. 중요한 역할 이동이 요구되며, 이제 교사는 지식의 전파자에서 '의미 만들기의 촉진자'로 바뀌어야 한다. 구체적으로 말하면, 학습자가 중요한 개념과 과정의 의미를 이해할 수 있도록 교사는 소크라테스식 질문자, 문제 제기자, 선의의 비판자가 되어야 함을 의미한다. 학생들이 이해에 도달하도록 돕기 위해서 교사는 지식과 스킬 습득을 촉진하는 활동과는 다른 활동들도 고안해야 할 것이다.

학습자의 역할은 능동적이어야 한다. 단순히 수동적인 태도로는 깊은 이해력을 기를 수 없다. 학습자는 어떤 개념에 대해 생각을 거듭하며, 각기 다른 관점을 검토하고, 다양한 해결 방법을 시도하며, 문제를 제기하고, 이해한 것을 새로운 맥락에 적용해야 한다.

전이

목표와 관련해 앞서 언급한 바와 같이, 이해와 긴밀하게 관련된 '전이(Transfer)'는 학습한 것을 그 학습 상황과는 다른 상황에 효과적으로 적용하는 과정을 의미한다. 예컨대, 곱셈을 알고 있는 학생이 그것을 특정 상황에서 언제 어떻게 적용하는지 이해하는가 하는 것이다. 전이는 사려 깊은 응용을 요한다. 왜냐하면 결국 실제 상황에서 지식을 사용할 때는 전혀 다른 상황, 청중, 제약 등에 맞춰야 하기 때문이다.

학습을 전이할 수 있는 능력을 개발하도록 학생들을 도울 때 운동코치와 예술코치는 교사의 역할에 좋은 본보기가 된다. 코치는 기대하는 수행의 본보기를 보인 다음, 학습자가 자신이 배운 것을 적용하려고 노력할 때 틀린 것을 바로잡아주는 피드백을 제공한다. 전이능력을 개발하려면 학습자가 점점 더 새롭고 복잡한 상황에서 수행해보는 기회가 많아야 한다는 것을 그들은 알고 있다.

흥미롭게도, 전이의 궁극적 목표는 교사나 코치가 거의 필요하지 않게 되는 것이다. 따라서 시간이 지남에 따라 교사는 지원과 스캐폴딩(scaffolding, 일명 '비계飛階'라고도 하며 학습을 촉진하기 위해 한시적으로 적절한 지원을 제공하는 것-옮긴이)을 점차적으로 줄여 학생 스스로 학습을 전이하는 방법을 배우게 해야 한다. 물론, 직접적인 지도와 본보기를 보인다는 점에서 교사의 역할은 있지만, 이는 어디까지나 가치 있는 과제에서 전이 수행을 (점차 자동화하는 수준으로) 향상시키려고 노력하는 상황에 한해서이다.

〈표 6. 1〉은 AMT 프레임워크의 목표와 관련된 일반적인 교수 접근법을 요약한 것이다. 이 범주가 순수하게 이론적이거나 엄정하다는 의미는 아니다. 실제로, 비교하기와 그래픽 표상 또는 오거나이저 생성하기와 같은 '의미 만들기' 전략의 대부분이 학습자가 사실정보를 기억하는 데 도움이 되며 그렇게 함으로써 습득으로 이어진다. 그럼에도 우리는 일반적인 의도와 방법이 질적으로 다르며 교사와 학생에게 유용한 것으로 입증될 것이라고 생각한다.

〈표 6. 1〉 학습목표와 수업의 실제

습득	의미 만들기	전이
이 목표는 학습자들이 사실정보와 기초스킬을 습득하도록 돕는 것이다.	이 목표는 학생들이 중요한 개념과 프로세스의 의미를 구성하도록(이해에 도달하도록) 돕는 것이다.	이 목표는 학습자가 학습한 것을 새로운 상황에 자동적이고 효과적으로 전이할 수 있도록 돕는 것이다.
교사 역할: 직접 교수 교사는 목표로 정한 지식과 스킬을 명시적인 수업을 통해 학습자에게 알려주고, 필요에 따라 수업을 개별화한다. 전략은 다음과 같다. • 진단평가 • 강의 • 선행조직자 • 그래픽 오거나이저 • 질문 • 시연 • 접근법 모델링 • 프로세스 가이드 • 유도된 연습 • 피드백과 정정 • 개별화	교사 역할: 촉진적 교수 교사는 학습자들이 정보를 처리하는 과정에 적극 참여하도록 하고, 그들이 복잡한 문제, 텍스트, 프로젝트, 사례 또는 시뮬레이션을 탐구하도록 안내하며, 필요에 따라 수업을 개별화한다. 전략은 다음과 같다. • 진단평가 • 유추 • 비교 • 그래픽 표상 또는 오거나이저 • 확산적 질문과 조사 • 개념 획득 • 탐구 접근법 • 문제기반 학습 • 소크라테스식 세미나 • 상호 교수 • 형성(지속적) 평가 • 이해 노트 • 피드백과 정정 • 재고 및 성찰 프롬프트	교사 역할: 코칭 교사는 명확한 수행목표를 세우고, 점차 복잡한 상황에서 (독자적인 연습을) 수행할 수 있도록 진행 중인 여러 기회를 감독하며, 본보기가 될 모델을 제공하고, (가능한 한 개인화된) 피드백을 지속적으로 제공한다. 필요한 경우에는 적시의 교수(직접적 지원)도 제공한다. 전략은 다음과 같다. • 지속적 평가 • 실제로 적용하는 상황에서의 구체적인 피드백 • 콘퍼런스 • 자기평가 및 성찰 프롬프트

출처: Wiggins & McTighe(2011)에서 응용

학습계획의 백워드 설계

일상 활동을 계획할 때 1단계에서 3단계로 건너뛰는 교사가 있는데 이러한 경향은 학교나 학구 수준에서도 똑같이 볼 수 있다. 이들은 다양한 교육방법(예: 프로젝트기반 학습)과 선진 프로그램(예: 새로운 수학교과서 시리즈 또는 국제바칼로레아 프로그램)을 채택하고 시행하려고 할 때 이런 경향을 보인다. 사실, 전략적 학습계획의 대다수가 선의의 약속으로 가득 차 있다. 이를테면, 프로젝트기반 학습을 '수행'하고, 과학기술의 사용을 늘리고, 품성개발 프로그램(character program, 태도나 윤리에 관한 핵심가치를 배우게 하는 프로그램-옮긴이) 등을 시행한다는 좋은 의도 말이다. 그러나 이러한 접근법이 우리가 추구하는 교육효과를 달성할 최고의 방법이라는 증거는, 설령 있다고 하더라도 거의 없다. 이러한 접근법과 프로그램은 어느 것 하나도 빠짐없이 다 가치가 있겠지만, 그 선택은 '왜냐하면-따라서' 분석의 결과여야 한다. 다시 말해서, '왜냐하면'(우리의 미션은 X라는 교육효과를 요구하기 때문에), '따라서'(우리는 그것을 달성하기 위한 수단으로서 Y라는 투입물을 선택했다) 식이 되어야 한다. 달리 표현하면 백워드 설계는 교사 수준뿐 아니라 시스템 수준에서 모든 수업 방식, 즉 교과서에서 소프트웨어 및 선진 프로그램에 이르기까지 학습자원을 선택하는 데 적용된다. 구체적인 계획에 들어가기에 앞서, 채택된 수업 방식이나 프로그램이 학생의 학습과 수행의 증거를 기반으로 우리가 기대하는 교육효과를 달성하는 데 이바지한다는 증거를 찾아야 한다.

우리의 권고는 간단하다. 즉, 지금까지 논의된 백워드 설계를 단계에 따라 차근히 거칠 때까지는 수업 방법이나 프로그램을 성급하게 선택하지 말라는 것이다. 실제로 우리가 IOI(Input-Output-Impact, 투입-산출-교육효과) 프레임워크와 백워드 설계 프레임워크를 통합한 것은, 목표가 명확해지고 성공의 측정 방법을 확실히 알기 전에는 실행계획 및 시행을 하지 않아야 한다는 것을 상기시키기 위함이다. 우리는 교사에게뿐 아니라 학교와 학구에도 다음과 같이 촉구한다. 즉, 수업 방법이나 프로그램 선정을 우리가 기대하는 교육효과와 직결되게 하고, 수업 방법이나 프로그램이 그 교육효과를 충족시키는 데 기여하는지 이에 관한 증거를 지속적으로 찾기 바란다.

AMT 프레임워크는 학급 차원은 물론 학교나 학구 차원에서의 초교과적 교육효과에 초점을 두고 있는 기술세계에서 훨씬 더 효과적이다. 학술적 내용 및 프로세스를 학습하는 것과 관련된 프레임워크의 목표는 몇 가지 중요한 지점에서 21세기 역량과 융합된다. 다시 말해, 초교과적 교육은 생산적인 마음습관 또는 성향을 길러주고 과학기술과 학습을 연결하며 학습을 개인화해야 하는데, 이 모든 것은 최종 목표를 염두에 둔 채 이루어져야 한다.

마음습관 기르기

제5장에서 언급했듯이, 학교나 직장에서 그리고 전 생애에 걸쳐서 늘 효과적으로 생각하는 사람과 자기주도학습자에게는 공통적으로 보이는 16가지 중요한 마음습관이 있는데(Costa & Kallick, 2008), 이

에 대해 좀 더 면밀히 살펴보기로 하자.

마음습관(habits of mind)은 사회생활을 효과적으로 잘하기 위해서 학생들이 갖춰야 할 문제해결 스킬이다. 마음습관은 전략적 추론, 통찰력, 인내, 창의성, 장인정신 등을 촉진한다. 다음의 16가지 마음습관을 이해하고 적용할 수 있으면 실생활의 여러 상황을 헤쳐 나갈 스킬을 갖추고 자각, 생각, 계획된 전략을 사용함으로써 긍정적인 결과를 얻을 수 있다(Costa & Kallick, 2000, 2008).

1. **끈질기게 계속하기** 당면 과제에 충실하고, 끝까지 완료하며, 집중력을 유지한다.

2. **충동 관리하기** 시간을 들여 선택하고, 말하거나 행동하기 전에 생각하고, 스트레스나 도전을 받을 때에는 침착함을 유지하고, 사람들을 사려 깊게 배려하며, 신중하게 나아간다.

3. **이해하고 공감하며 듣기** 남의 생각, 감정, 아이디어에 주의를 기울이고 이를 무시하지 않는다. 다른 사람의 입장에서 생각해보고 그들이 표현하는 것에 공감할 수 있을 때 말한다. 다른 사람의 관점과 느낌을 존중하고자 거리를 두고 생각한다.

4. **유연하게 생각하기** 관점을 바꾸고, 다른 사람의 의견을 고려하고, 대안을 만들고, 여러 선택지를 놓고 검토할 수 있다.

5. **생각에 대해 생각하기(상위인지)** 자신의 생각, 감정, 의도, 행동 등을 인지하고, 자신의 말과 행동이 남들에게 영향을 준다는 것을 안다. 선택이 자기 자신과 남들에게 미치는 영향을 기꺼이 고려한다.

6. **정확성 추구하기** 오류를 점검하고, 최소 두 번은 측정한다. 엄밀성, 정확도, 숙련도에 대한 의지를 함양한다.

7. **질문하기와 문제 제기하기** '어떻게 알 수 있지?'라고 스스로에게 질문한다. 의문을 품는 태도를 기른다. 필요한 정보가 무엇인지 숙고하고, 그 정보를 얻을 전략을 선택한다. 해결해야 할 장애물을 고려한다.

8. **과거의 지식을 새로운 상황에 적용하기** 배운 것을 활용하고, 기존 지식과 경험을 검토하고, 배웠을 때의 상황을 뛰어넘어 적용한다.

9. **분명하고 정확하게 사고하고 소통하기** 말하거나 쓸 때 분명하고 정확하려고 노력하며 일반화, 왜곡, 최소화, 생략 등을 자제한다.

10. **모든 감각을 동원해 정보 수집하기** 눈에 보이는 것을 관찰하고, 들리는 것에 귀 기울이고, 냄새에 주목하고, 먹고 있는 것의 맛을 음미하며, 만지고 있는 것의 촉감을 느낀다.

11. **창조하기, 상상하기, 혁신하기** 일반적인 것과 다르게 수행될 수 있는 방법을 생각하고, 새로운 아이디어를 제안하고, 독창성을 추구하고, 남들의 새로운 제안을 숙고한다.

12. **경탄과 경외감으로 반응하기** 세상의 아름다움, 자연의 힘, 우주의 광대함에 강렬한 호기심을 갖는다. 경외심을 불러일으키고 감동을 주는 것에 관심을 갖는다. 타인에게서 그리고 자신에게서 보이는 인생의 크고 작은 경이에 열린 태도를 갖고 있다.

13. **책임 있게 위험 감수하기** 새롭고 전혀 다른 일을 기꺼이 시도하고, 새롭지만 안전하고 온당한 일을 하는 것을 고려하고, 두려

움이 가로막지 못하도록 하면서 실수에 대한 두려움이나 기대에 미치지 못하는 것에 대한 두려움에 당당히 맞선다.

14. **유머 찾기** 상황에 맞게 웃는다. 인생에서 기발하고 터무니없고 역설적이고 뜻밖의 것을 찾아낸다. 가능하면 자기 자신을 보고도 기꺼이 웃을 수 있어야 한다.

15. **상호 의존적으로 사고하기** 기꺼이 사람들과 함께하고, 그들의 의견과 관점을 흔쾌히 받아들이고, 다소 동의하지 않더라도 집단적으로 내린 결정을 준수하며, 서로 주고받는 상황에서 사람들에게 기꺼이 배운다.

16. **열린 마음으로 꾸준히 학습하기** 무언가를 배울 새로운 경험에 개방적이고, 모르는 것을 인정할 만큼 당당하면서도 겸손하며, 어떤 주제이든 새로운 정보를 기꺼이 받아들인다.

이러한 마음습관은 교육과정 전반에 걸쳐, 전 학년에 걸쳐, 그리고 학교 안팎에서 강조될 수 있다. 사실, 이 요소들은 앞서 정의한 초교과적 교육효과와 밀접하게 연관되리라고 본다. 제5장에서 설명한 초석과제(cornerstone tasks)를 수행하는 데 이 마음습관이 필요하고 또 적절하다면, 이에 대해 분명하게 소개해야 할 것이다. 이렇게 하기 위한 7단계 절차의 예시는 다음과 같다.

1. 특정 과제나 임무를 성공적으로 완수하는 데 필요한 특정 성향을 소개한다.
2. 문학, 역사, 과학, 예술 등의 분야에서뿐 아니라 학교 안팎에서

그 성향을 나타내는 사람들의 다양한 사례를 제시한다.

3. 그 성향과 관련해 발달단계상 적절하고 관찰 가능한 수행지표 (예: '정확성을 기하려고 노력하는' 사람에게서 무엇을 보고 듣게 될까?) 목록을 (이상적으로는 학생들과 함께) 만든다.

4. 그 성향이 왜 중요한지, 그런 성향을 학교 안팎에서 어떻게 드러낼지를 학생들에게 상기시킨다.

5. 그 성향을 보인 것과 관련해 관찰 가능한 수행지표 목록을 사용해 학생들에게 구체적인 피드백을 준다. 또래끼리 피드백을 줄 수도 있다.

6. 과제를 수행할 때 그 성향을 사용했는지 학생들이 자기평가를 하게 한다. 그 성향이 유익하게 표출될 수 있는 또 다른 장소와 때를 학생들이 파악하게 한다.

7. 특정한 마음습관을 기르는 목표를 설정하도록 학습자를 격려한다.

이러한 성향들을 공공연히 강조함으로써 교사들은 마음습관이 학교와 일터, 그리고 우리의 전반에서 소중하고 가치 있는 것임을 학생들에게 알려준다. 마음습관은 성공을 위해 필수적이며 교육효과를 달성하는 중요한 요소이다.

과학기술과 학습의 연계

21세기 학교교육을 논할 때 교수·학습에서 갈수록 영향력이 커지는 요소인 과학기술을 배제하기란 불가능하다. 사실, 정보와 학습 원천의 끊임없는 확장, 이러한 정보에 접근하는 과학기술의 가용성 증가라는 두 가지 괄목할 만한 트렌드가 합쳐져 교육의 판도가 바뀔 것이다. '교육의 미래는 무엇인가(What Is the Future of Education)'(e-Learning Industry, 2014)를 보여주는 인포그래픽으로 제시된 다음 통계를 살펴보자.

- 미국인의 50퍼센트는 태블릿 또는 전자책 단말기(reader)를 소유하고 있다.
- 미국 가정의 79퍼센트가 컴퓨터를 가지고 있다.
- 미국 가정의 75퍼센트가 가정에서 인터넷에 접속한다.
- 미국인의 50퍼센트가 스마트폰을 소유하고 있다.
- 대학 입학생 중 태블릿을 갖고 있는 학생은 2011년보다 2012년에 3배나 더 많았다.
- 대학생과 12학년(고등학교 3학년) 학생의 90퍼센트는 태블릿을 유용한 교육도구로 보고 있다.
- 대학생과 12학년 학생의 63퍼센트는 태블릿이 미래에 대학생들이 학습하는 방식을 변화시킬 것이라고 믿는다.
- 교실 안팎에서 책을 읽을 때 대학생 10명 중 6명이 전자책을 선호한다.

예상컨대, 이 수치는 계속 늘어날 것이고 결국 전통적인 교실과 학교 안팎에서 교육의 본질을 형성해갈 것이다.

우리는 과학기술이 새로운 교육기회를 제공한다는 데 동의하지만, 교육공학(educational technology)의 사용이 21세기 학습과 동의어로 묘사되는 것을 종종 목격했다. 이와 같은 결합은 목적과 수단을 합치는 셈이다. 물론 과학기술이 교육변화의 주요 동력이 아니라고 생각하지는 않는다. 그러나 여느 접근법과 마찬가지로 과학기술은 기대하는 교육효과에 긴밀하게 연계되어 활용되어야 한다. '더 많은' 과학기술을 사용하는 것이 아니라 기대하는 성과 달성을 증진하는 차원에서 '적절한' 과학기술을 사용하는 것이 중요하다. 실제로, 구체적이고 다양한 학습성과와 교육효과를 지원한다는 측면에서 과학기술이라는 도구와 프로세스의 배합은 단순히 과학기술 도구의 사용이 아니라, 이러한 목표 달성에 계속 집중하게 하는 유용한 방법이다(McTighe & March, 2015 참조).

이러한 예는 거꾸로교실(flipped classroom, 교과내용을 집에서 인터넷을 통해 공부하고 학교에서는 토론을 하는 수업 방식-옮긴이)에서 볼 수 있는데, 이렇게 함으로써 학생들은 대개 수업시간에 교사 강의를 통해 제공되던 교과내용을 온라인 동영상을 보며 얻게 된다. 그러면 교사는 수업시간을 지식의 적용이 필요한 좀 더 적극적인 학습경험에 할애할 수 있다(Miller, 2012 참조). 이는 전통적인 교과내용을 학습하기 위한 또 다른 전달 체계를 제공하는 것일 뿐, 그 자체가 21세기 학습을 구성하지는 않는다. 실제로 온라인에서 제공되는 많은 콘텐츠는 정형화되고 표준화되어 있다. 그러나 거꾸로교실 접근법은 면대면 수업시간에 내용 전달을 넘어서 좀 더 교육효과가 있는(예컨대 문제해결, 토론과 논쟁, 21세기 역량 개발, 직접적인 적용 등을 좀 더 강조하는)

학습경험을 하게 해준다.

우리에게 중요한 질문은 '거꾸로교실로 바꿔야 하는가?'가 아니다. 오히려, '거꾸로교실 접근법이 어떤 면에서 우리가 목표하는 교육효과를 더 잘 실현할 수 있게 하는가?'이다. 사실, 맨 먼저 할 질문은 '면대면 수업시간을 교과내용 습득에 너무 많이 소비하느라 정작 교육효과에 효과적으로 접근할 시간을 충분히 갖지 못한다면, 우리는 주어진 시간을 사용하는 방식을 어떻게 바꿀 것인가?'여야 한다. 이 경우, 거꾸로교실 접근법은 단순히 우리가 선택한 접근법이 아니라 딜레마에 대한 해답이다. 백워드 설계를 사용할 때 거꾸로학습이 이러한 딜레마를 다루는 데 도움이 된다고 결론 내린다면, 그다음 질문은 '이제 수업시간의 일부를 기초적인 내용지식과 스킬의 습득에서 해방시켰으니, 더 중요한 교육효과를 실현하기 위해 학생들과의 대면시간을 어떻게 가장 잘 이용할 것인가?'가 된다.

온라인 학습자원의 확장과 더불어 점점 더 입수 가능한 정보기술에의 접근이 확대되면서 교육의 지형도 바뀌고 있다. 전통적인 학교건물의 교실에 있는 교사는 더 이상 유일한 지혜의 샘이 아니다. 학습자가 하루 24시간 내내 세계의 지식에 접속하는 것이 가능하며, 누구든 자신의 흥미와 욕구에 따라 학습할 수 있다. 언제 어디서나 다양한 학습자원에 접속할 수 있는 무료 또는 저비용의 원천이 많다. 그러한 세 가지 예는 다음과 같다.

1. 칸아카데미(Khan Academy): 칸아카데미는(www.khanacademy. org)는 사람들이 무엇이든 배울 수 있도록 막대한 온라인 콘텐

츠 라이브러리를 무료로 제공한다. 사용자는 인터넷에 연결된 컴퓨터, 태블릿, 스마트폰 등으로 수학, 과학, 인문학 분야의 수천 가지 주제에 대해 언제든지 접근할 수 있다. 사실, 칸아카데미의 출현으로 '거꾸로교실'이 대중화되었다.

2. edX: edX(www.edx.org)는 하버드대학과 매사추세츠공과대학(MIT) 간의 온라인학습 합작사업이다. 온라인수업은 전 세계 누구나 무료로 사용할 수 있다. 컴퓨터과학, 미적분학, 기하학, 대수학, 영어, 물리학, 생물학, 화학, 스페인어, 프랑스어, 역사, 통계학, 심리학 등의 학과목을 다룬다. 당초 이 프로젝트에서는 고등교육, 즉 대학(원)용 수업자료를 개발했지만 고등학생을 대상으로 한 수업도 제공하기 시작했다.

3. 소년·소녀를 위한 온라인 학교: 이 프로그램(www.onlineschool forboys.org, www.onlineschoolforgirls.org)은 역동적인 온라인 학습 커뮤니티에서 적절하고 흥미로운 수업활동을 통해 전 세계 학습자를 연결하는 플랫폼을 제공한다.

과학기술과 21세기 학습에 관해 반드시 이해해야 하는 것은, 과학기술의 영향으로 초교과적 교육효과에 대한 사고의 맥락이 바뀌었다는 점이다. 예를 들어, 협업(Collaboration) 스킬을 생각해보자. 타인과 효과적으로 일할 필요성은 그 자체로는 전혀 새로운 교육효과가 아니지만, 21세기에는 협업을 위한 맥락, 즉 협업 환경이 극적으로 바뀌었다. 동기식(同期式, 동시에 발생하는-옮긴이) 및 비동기식 협업 플랫폼은, 공유 프로젝트 공간을 통해 전 세계에서 더 큰 작업의 부분들을 덩어리로 묶고 분배할 수 있는 능력과 함께, 협업의 성격을 변화시켰다. 협업의 일반적 정의는 변하지 않지만, 성공적인 협력자가 되는 데 필요한 스킬과 접근법이 바뀌었고 앞으로도 계속 바뀔 것이다. 나머지 Cs, 즉 다양한 양식의 디지털시대의 의사소통(Communication), 끝없이 쏟아지는 정보의 시대의 비판적 사고(Critical Thinking), 혁신적인 도구를 누구나 사용할 수 있고 창의적 역량을 증폭시키는 시대의 창의성(Creativity)도 마찬가지이다. 요컨대, 과학기술을 목표가 아니라 수단으로, 즉 타깃으로 삼은 교육효과를 학습자가 달성하도록 교사의 능력을 높일 수 있는 21세기 학습에의 접근법으로 생각하자.

학습을 개인화하기

'개인화 학습(personalized learning)'은 다양한 의미를 지닌 용어이다. 예전에는, 모두가 이해할 수 있도록 이러한 용어의 조작적 정의를 내리는 중요성에 대해 논의했다. 우리의 정의에 의하면, 다음과 같은 특징을 가질 때 그것은 개인화 학습이 분명하다.

- 학생들이 전적으로 정해진 교육과정을 따르기보다 자신이 선택한 주제를 탐색할 기회를 가질 때
- 학생들이 다양한 방법과 출처를 통해 좀 더 자기주도적으로 학습할 수 있을 때
- 학생들이 학급의 교사에게서만이 아니라 언제 어디서나 항상

지식에 접속할 수 있을 때

- 교과적·초교과적 교육효과를 포함해서, 기대하는 학습목표를 입증할 방법을 학생들 자신이 선택할 때
- 교사가 코치 역할을 하며 학생들과 함께 학습효과·경험·결과물을 구체화할 때
- 학습을 고정된 스케줄에 맞추는 것이 아니라, 학생 각자의 특정 학습목표와 과정에 맞춰 조정할 때
- 학습에 대한 통지서가 표준화(예: 성적이 학년 수준의 성취기준에만 근거할 때)보다는 개인화되어 있을 때

〈표 6. 2〉는 개인화 학습을 위한 선택사항의 일반적인 설계 프레임워크이다. 앞서 제시한 특성들과 함께 이러한 선택사항은, 개인화 학습이 지도법이라기보다는 학습에 관한 신념(학생에게 선택을 허용하면 학습동기와 노력이 커진다는 신념)이자 학습자들을 위한 적절한 선택, 그리고 그들을 지원하는 환경임을 시사한다.

개인화 학습은 교과적·초교과적 교육효과를 다루는 우수한 수단으로 작용할 수 있다. 교과적 교육효과의 경우, 개인화 학습 환경은 독립성을 북돋우고 배운 것을 새로운 맥락에서 전이할 수 있도록 촉진한다. 개인화 학습은 강력하고 상호 지원하는 두 가지 방식으로 초교과적 교육효과의 진전을 지원한다. 첫째, 4Cs와 같이 초교과적 교육효과와 관련된 스킬은 학업성과와 교과적 교육효과 달성을 지원한다. 이러한 교육효과 및 관련 스킬은 성공에 필수적이므로 더 넓은 세계에서 가치 있게 여겨지며, 그런 만큼 학교에서도 가치 있는

〈표 6. 2〉 개인화 학습 프레임워크

내용	과정	결과물	통지
학생들은 다음에 관해 선택권을 갖는다.	학생들은 다음에 관해 선택권을 갖는다.	학생들은 다음에 관해 선택권을 갖는다.	학생 성취도에 대한 통지서이다.
• 확립된 교육과정 내에서 탐구할 주제 • 정해진 목표를 뒷받침하기 위해 수립된 교육과정 내용을 뛰어넘어 자신이 추구하는 주제 또는 스킬 • 학습에 필요한 자원(예: 교과서 vs. 온라인 자료)	• 학습활동(예: 학습 정거장 선택) • 학습하는 방식 (예: 개별 또는 모둠) • 학습하는 때와 장소(예: 교실, 집, 학교 밖, 온라인상) • 학습에 소요되는 시간	• 자신의 학습을 뒷받침하기 위해 개발하는 결과물 및 수행 • 실제 과제를 위한 역할, 청중, 상황 • 정해진 학습목표에 근거해 자신의 학습을 기록하기 위해 제공하는 증거	• 교과적·초교과적 교육효과(vs. 규준 참조 채점 및 통지)에 대한 학생 개개인의 수행과 성취 개요를 작성 • 개인별 성장과 발전을 강조 • 학업습관과 성취를 구별

것으로 여겨진다. 둘째, 개인화 학습 환경은 그 특성상 학생들이 분명한 목적을 갖고서 학습하고, 스킬·도구·전략을 꼬박꼬박 적용할 수 있는 풍부하고 실제적인 환경을 제공한다. 그러므로 초교과적 교육효과는 수단이자 목적으로 볼 수 있는 것이다!

더욱이 『Learning Personalized: The Evolution of the Contemporary Classroom(개인화 학습: 현대 교실의 진화)』(Zmuda, Curtis, & Ullman, 2015)이라는 책에서 언급된 바와 같이 개인화 학습은 교과적·초교과적 교육효과(이 책에서는 '학문적 성과'와 '학제적 성과'로 명명)의 진전에 매우 적합한 접근법이다. "개인화 학습은 그러한 목표들을 성취하기 위한 수단이다. 그것은 세상의 불확실성, 복잡성,

그리고 즐거움을 더 잘 다룰 수 있도록 우리 아이들을 키우는 방식이다"(pp. 23~24).

오늘날의 학습자를 위한 인지도구

21세기 교육이 진화함에 따라 독립적이고 자기주도적인 학습자 육성이 더욱 중요해지고 있다. 학생의 성장과 발달을 뒷받침하는 효과적인 방법 중 하나는 인지도구(cognitive tools)를 사용하는 것이다. 인지도구는 그것이 구체적인 형태로 내재되어 있는 견실한 이론과 실천의 발현으로 묘사되기도 한다(McTighe & Lyman, 1988). 그것들은 사고와 학습의 추상적인 과정을 구체화하고, 보이지 않는 것을 보이게 만드는 데 기여한다.

인지도구를 지도법의 일부로 사용한다는 개념은 다시 사고의 전환을 요구한다. 즉, 기대하는 교육효과를 얻기 위해 '학생이 필요로 하는' 것에 초점을 맞추려면 '교사가 무엇을 할지'에 대한 생각을 바꿔야 한다는 것을 의미한다. 실제로 전이의 궁극적 목표는 학습자가 배운 것을 새롭고 실제적인 상황에 적용하고, 그 일을 교사의 과도한 지시나 뒷받침 없이 점차 자신의 힘으로 스스로 하는 것이다.

우리는 교과적·초교과적 교육효과를 둘 다 지원하기 위한 두 가지 일반적 유형의 인지도구를 제안한다. 바로 사고도구(thinking tools)와 학습에 대한 학습도구(learning-to-learn tools, 일명 메타학습도구)이다. 이 도구들은 학생들의 발달 수준과 수행지표, 그리고 특정 교육효과와 관련된 연속체와 연계되어야 한다. 각 유형을 사례와 함께 살펴보자.

사고도구

사고도구(thinking tools)는 학생들에게 교과적·초교과적 교육효과에 필요한 사고 유형을 점진적으로 지원하는 가이드를 제공한다. [도표 6. 2]는 문제해결 발견법 6가지를 보여주는 전략바퀴의 예시인데, 이

[도표 6. 2] 문제해결 전략바퀴의 예

문제해결에 능숙한 사람들은 난관에 빠졌을 때 다음과 같은 전략을 사용한다.

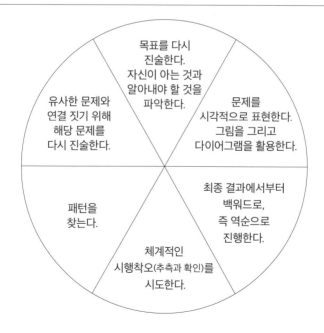

목표를 다시 진술한다. 자신이 아는 것과 알아내야 할 것을 파악한다.

문제를 시각적으로 표현한다. 그림을 그리고 다이어그램을 활용한다.

유사한 문제와 연결 짓기 위해 해당 문제를 다시 진술한다.

패턴을 찾는다.

최종 결과에서부터 백워드로, 즉 역순으로 진행한다.

체계적인 시행착오(추측과 확인)를 시도한다.

는 초등 고학년 학생들에게 적합하다(중등학교에서는 좀 더 정교한 버전을 사용한다). 교사가 이 도구를 사용해서 효과적인 문제해결 전략을 가르치고 시범을 보일 수도 있지만, 이 도구의 주된 역할은 그러한 전략을 상기시키는 데 있다. 즉, 학생들이 교사나 다른 어른의 도움을 받지 않고 문제를 해결하려고 노력할 때, 이 도구는 그들이 선택 가능한 방법들을 생각하도록 유도한다.

[도표 6. 3]은 두 부분으로 구성된 도구로, 학생들이 문제에 대해 다양한 관점을 고려하도록 돕는다. 서로 다른 관점의 개요를 명시적으로 나타내어 검토하기 위해 첫 번째 부분에서 단계별 프로세스 가이드를 제공하고, 두 번째 부분에서는 그래픽 오거나이저(graphic organizer)를 제시한다. 여기서는 6학년 사회교과 단원에 나오는 1800년대 미국 서부의 정착과정을 예로 들었다.

유사한 사고도구(예: 단계별 프로토콜과 그래픽 오거나이저)는 의사결정, 논거 구성, 창의적인 문제해결과 같은 다양한 사고 유형에 유용하다. [도표 6. 3]에서는 6학년 사회교과 단원을 예로 들었는데, 다양한 관점이 있을 수 있는 '어떤' 문제에도 이와 동일한 프로세스 지침과 오거나이저를 활용할 수 있다. 이는 인지도구의 용도가 좀 더 넓다는 의미이다. 즉, 인지도구는 교과 영역 안팎의 새로운 상황에서 학습의 '자동적인 전이'가 이루어지도록 지원한다. 사실, 이 도구의 기본 목표는 어른들이 감독하지 '않을' 때, 학생들이 사용할 수 있는 프로세스를 제공하는 것이다.

[도표 6. 3] 다양한 관점을 고려하기 위한 프로세스 가이드와 그래픽 오거나이저의 예

다양한 관점 고려하기

- 검토할 주제 또는 문제를 선택하시오.
- 관련되거나 영향을 받을 수 있는 사람들이나 집단들을 파악하시오.
- 다른 관점에서는 그 상황이 어떻게 보일지 생각하시오.
- 다음을 고려하시오.
  - 이 문제에 대한 또 다른 관점은 무엇인가?
  - _____은(는) 이것에 관해 어떻게 생각하거나 느끼겠는가?
  - 소수의 입장은 무엇인가?
  - 반대토론자들은 무엇이라 말하겠는가?

예: 미국 서부의 정착 과정

관점 차트

다음 차트를 활용해 문제 또는 주제에 대한 다양한 시각을 검토하시오.

학습에 대한 학습도구

만일 평생 자기주도적으로 학습하는 사람을 양성하는 것이 미션에 포함되어 있다면, 학습에 대한 학습도구(learning-to-learn tools, 일명 메타학습도구)는 이를 실현하는 데 중요한 역할을 할 수 있다. 앞서 논의한 바와 같이, 우리는 교육효과를 분석해서 수행영역과 관련 수행지표를 파악하고 이것들을 일련의 발달단계의 연속체에 정렬해야 한다. 이제는 한 걸음 더 나아가, 교과적·초교과적 교육효과에 모두 연계되는 동시에 더 단순한 것에서 더 정교한 것으로 발달단계에 따라 정리된 일련의 도구를 확인하기로 한다. 이는 학생들이 학습을 전이할 수 있게 하겠다는 21세기 학습의 장기목표를 지원하기 위함이다.

'자기주도학습자'와 관련된 초교과적 교육효과의 몇 가지 예를 살펴보자. [도표 6. 4]는 자기주도학습의 한 가지 수행영역(계획을 세우고 실행하기)을 수행지표들로 분석한 것으로, 이는 4개의 학년군에 걸쳐 (각 학년에 맞는 도구와 함께) 간단한 연속체에 정리된 수행지표를 보여준다. 이 영역에서 학생 발달을 지원하는 도구는 복합적이거나 복잡할 필요가 없다. 단지 효과적이고, 발달단계에 적합하고, 교육효과 영역에서 학생들의 학습과 수행을 위한 성장 도구의 일부이면 된다.

[도표 6. 5], [도표 6. 6], [도표 6. 7]은 [도표 6. 4]에서 제시된 3~5학년군과 6~8학년군에 적합한 학습에 대한 학습도구의 예이다.

[도표 6. 5]는 간단하고 연령에 맞는 도구이면서도 학생들에게 더

[도표 6. 4] 계획하고 실행하기를 위한 도구의 예

교육효과: 자기주도학습자			
수행영역: 계획하고 실행하기			
유치부~2학년 수행지표	3~5학년 수행지표	6~8학년 수행지표	9~12학년 수행지표
• 더 큰 과제를 끝마치려면 더 작은 과제를 순서대로 해야 한다는 것을 이해하기	• 큰 과제를 작은 과제로 나누기 • 목표를 달성하기 위해 계획을 단계별로 수행하기	• 장기목표를 달성하는 데 필요한 여러 작업 프로세스와 일정 수립하기 • 중간 경로 수정의 본질과 그것이 필요한 이유를 명확히 이해하고, 필요에 따라 계획 조정하기	• 순조로운 진행을 위해 특정 도구와 프로세스 활용하기 • 장기목표를 달성하고 복잡한 과제를 마치는 데 필요한 프로젝트 작업 프로세스를 추적하고 조정하기
가능한 도구 • 순서사슬 그래픽 오거나이저	가능한 도구 • 세 부분(무엇을, 언제, 어떻게)으로 된 간단한 프로젝트 계획	가능한 도구 • 트렐로(Trello) 온라인 프로젝트 관리 도구	가능한 도구 • 갠트차트(Gantt chart, 업무별 시작과 종료 시점을 나타내는 도표-옮긴이)나 다른 리포팅 도구가 있는 프로젝트 관리 소프트웨어

큰 과제를 잘게 나누어 완성하도록 계획할 수 있는 프레임워크를 제공한다. 이 프레임워크는 교과 영역 전반에 걸쳐 사용될 수 있으므로, 해당 발달단계에 있는 자기주도학습자들이 어려운 개별과제 또는 모둠과제에 직면할 때 사용하기에 적합하다.

[도표 6. 5] 3~5학년에 적합한 세 부분으로 된 프로젝트 계획도구의 예

목표 또는 과제: 깨끗한 물을 공급하기		
목표를 달성하려면 어떤 작은 단계들을 완료해야 하는가?	**이 단계를 어떻게 달성하겠는가?**	**이 단계를 언제까지 마쳐야 하는가?**
단계: 문제 파악하기	계획: •왜 사람들이 깨끗한 물을 얻을 수 없는지 원인을 찾는다. •가장 큰 장애물을 파악한다. •실제 문제를 명확히 진술한다.	날짜: 10월 12일
단계: 해결책을 브레인스토밍하고 최선의 것을 선택하기	계획: •브레인스토밍 과정을 통해 아이디어를 낸다. •위의 장애물 때문에 어느 것이 효과가 없을지 찾아내기 위해 '아이디어 감별자(idea sifter)'를 사용한다. •가장 효과적으로 작용할 것 같은 아이디어를 파악한다.	날짜: 10월 15일
단계: 최선의 해결책을 만들어 패널에게 납득시키기	계획: •최선의 아이디어가 그 문제를 해결하는 데 도움이 되는 이유를 설명한다. •최선의 아이디어를 성공시키는 데 필요한 단계들과 자원을 살펴본다. •텍스트, 이미지, 동영상 등을 만들어 해결책과 그것이 문제를 해결할 수 있었던 이유를 설명한다. •발표 준비를 한다. •연습하고 발표한다.	날짜: 10월 25일

이 도표의 복사본을 원하면 웹사이트 go.solution-tree.com/leadership을 방문하라.

[도표 6. 6]은 트렐로(Trello, https://trello.com) 화면을 캡처한 것이다. 트렐로는 고학년 학생들이 좀 더 정교한 프로젝트 계획과 과

[도표 6. 6] 6~8학년을 위한 트렐로 계획도구의 예

제 추적에 참여할 수 있도록 하는 다양한 온라인 계획도구 중 하나
이다. 학생들은 특정 과제들과 그 프로젝트 과정의 단계에 대한 카
드를 만들 수 있으며, 팀 구성원들에게 과제를 할당하고, 각 과제
의 완성을 추적하기 위한 체크리스트를 개발하며, 마감 날짜를 포
함시키고, 자원을 업로드하며, 각 카드에 지속적인 의견을 추가한다.
그런 다음 여기에 표시된 '계획됨(Planned)', '진행 중(Doing)', '완료
(Done)', '결과물(Products)' 카드와 같이 프로젝트 보드의 각기 다른
맞춤형 섹션 여기저기로 카드를 이동할 수 있다.

[도표 6. 7]은 프로젝트 내의 특정 요소 또는 과제를 위한 트렐로
카드의 좀 더 상세한 이미지이다. 모둠 구성원 배정, 마감일 설정, 좀

[도표 6. 7] 프로젝트 계획과 완성을 지원하는 트렐로 카드의 세부내용

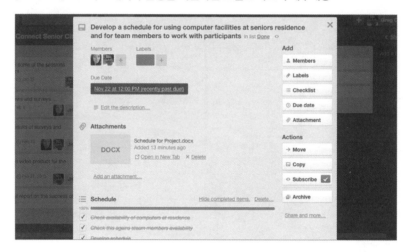

출처: Trello, Inc.(2015), 허가받고 사용
이 책은 트렐로사(Trello, Inc.)와 아무 관련이 없으며 홍보와도 무관하다.

더 작은 작업들의 체크리스트에 따른 진행 상황 추적, 과제 결과물 (이 경우에는 프로젝트 일정) 업로드, 변경사항 및 일정 알림을 받기 위한 카드 구독 등의 기능에 주목하자.

이러한 인지도구를 일관성 있게 지속적으로 사용함으로써, 교육자들은 기대하는 교육효과, 즉 학교 안팎에서의 자동적인 전이를 실현하는 데 요구되는 프로세스와 전략을 학생들이 내면화하도록 준비시킨다.

결론

이 장에서는 21세기의 초교과적 교육효과 개발에 대한 교수 및 지원 방법을 탐색했다. 우리는 학습원리의 명시적 표현으로 시작하는 것의 중요성을 강조했다. AMT 프레임워크를 간략히 소개하고 이와 적절하게 대응되는 지도법에 대해서도 논했다. 기대하는 교육효과를 명확하게 표현하기도 전에 특정 교수법이나 프로그램을 성급히 채택함으로써 수단과 목적이 혼동되는 경우를 피하라고 주의를 주기도 했다. 또 21세기 학습의 세 가지 중요한 측면—마음습관, 과학기술 적용, 개인화 학습—을 탐구했고, 이러한 접근법을 사용할 때는 단순히 우리가 '하는' 것들이 아니라, 목표로 하는 교육효과에 확실하게 '연계'시켜야 한다는 점도 지적했다.

논의의 대부분은 우리가 기대하는 교육효과를 달성하기 위해서 요구되는 교수·학습 접근법의 변화를 중심으로 이루어졌다. 그러한 변화 중 하나는 교사들이 주로 내용지식의 전달자로서 기능하기보다는 학습자들이 배운 것을 독자적으로 전이할 수 있게 돕는 촉진자로서 자신의 역할을 확장해야 한다는 것이다. 이에 따라 우리는 인지도구의 가치를 강조함으로써 이 장을 마감했는데, 이 사고도구와 학습에 대한 학습도구는 둘 다 학습자가 자기주도학습에 능숙해지도록 학년이 올라갈수록 더 정교해진다.

다음 장에서는 모든 시스템과 프로세스를 정렬함으로써 학생들의 성과와 진전에 대한 통지를 참신하고 혁신적인 방식으로 볼 수 있게 될 것이다. 그리고 이로써 우리는 변화의 사이클을 완성하게 된다.

제7장

미래학습을 위한
통지시스템

21세기 학습에 대한 학생의 성취와 성장을 어떻게 전달할까?

이 책의 백워드 설계 과정에 따라서 이제는 교육효과에 초점을 맞춘 미션 중심의 잘 정렬된 시스템을 갖추어야 한다. 이 초점은 교육과정 매핑을 거시적 수준에서 미시적 수준으로 안내하고, 모든 평가를 정렬해 교육효과와 관련된 영역에서 학생의 수행과 성장을 보여주는 자료를 제공해야 한다. 이제 우리는 원래의 목표—학생의 수행을 통해 입증되는 식으로 우리의 비전과 미션을 정의한다—를 충족시키는 방식으로 함께 작업을 이끌어갈 준비가 되어 있다.

이 책 전체에서 우리는 다양한 산출(교육과정, 평가, 수업, 통지, 기타 지원구조)을 위한 시스템 구축으로서 중요한 투입들을 기술했으며, 이 모든 것은 명시된 교육효과와 연계되어 있다. 잠시 멈춰서 우리의 여정을 돌아보고 이 단계에 이르게 해준 중요한 투입들을 곱씹어볼 필요가 있다.

1. 학교교육을 위한 강력하고 미래지향적인 비전 만들기
2. 기대하는 교육효과, 즉 학생의 수행에서 추구하는 장기적 전이 목표를 구체화함으로써 이 비전을 실현시키는 미션 개발하기
3. 백워드 설계 계획 프로세스를 활용해 미션에서 실행으로 나아가기
4. 미션에 부합하는 교육과정과 평가시스템 개발을 이끌어줄 청사진 만들기
5. 교과적·초교과적 교육효과와 관련된 학생 성취와 성장을 평가하는 초석과제의 평가시스템 구축하기
6. 기대하는 성과를 입증하기 위해 학생들이 갖춰야 할 지식, 스킬, 이해를 개발할 지도법과 학습기회 파악하기

명확하고 강력한 비전과 미션은 필요하지만 그것만으로는 충분하지 않다. 탄탄하고 일관성 있는 교육과정과 평가시스템도 반드시 있어야 하지만 이것만으로는 불완전하다. 풍부하고 실제적인 교수·학습 프로그램은 필수적이지만 최종 목표는 아니다. 이 여정 내내 우리는 투입과 산출을 구분하는 데 신중을 기했다. 우리는 교과 내, 그

리고 교과를 아우르는 장기적인 교육효과에 초점을 맞추고, 교육효과에서 출발해 역순으로 백워드 계획을 세움으로써 최종 결과를 계속 염두에 두었다.

이 모든 작업을 거쳐 우리의 비전과 미션에 연계된 학생의 수행과 성장에 대한 증거를 통합하고 문서화할 수 있는 지점에까지 온 것이다. 이제는 학습과 수행에 관한 양질의 자료가 계속해서 입수되어야 한다. 이 자료는 개인, 학급, 학교 또는 학구 전체 차원에서의 실제 수행이 많은 사람이 기대하는 교육효과와 어떻게 상응하는지를 학생, 학부모, 교사, 관리자, 정책입안자 등이 평가하는 데 필요하다.

이 마지막 장에서는 전통적인 성적통지 프로세스와 결과물(예: 통지표)을 미션선언문의 '모든' 교육효과와 연계된 학생 성취와 성장에 대한 좀 더 탄탄한 기록으로 탈바꿈시킬 아이디어를 탐색한다. 그런 다음 러닝보드(learning board)라는 개념, 즉 기대하는 교육효과와 관련된 학습과 학생 수행을, 학교의 성공과 개선을 위한 노력을 측정하는 일의 핵심에 둘 구체적인 방법을 논의한다. 끝으로, 미션기반의 통지시스템에 필요한 자료를 수집할 다양한 방법을 논의한다.

통지표: 목적과 약속

대부분의 학교에서는 학생의 성취도를 알리는 정기 통지표를 제공한다. 대개 이러한 통지표는 다양한 교과목 영역에 대해 알파벳 등급(A, B, C, D, F), 루브릭 점수(4, 3, 2, 1), 기호(VG, S, U) 또는 백분율 등 약표(略表)로 이루어져 있다. 전통적인 통지표는 학부모, 학생, 교사에게 친숙하지만, 이러한 관행은 학생의 모든 학습경험과 수행증거를 휘발시켜 단 하나의 수치 또는 매우 적은 수치만 남겨버림으로써 학생의 성취 가치를 폄하한다. 뛰어난 등급이더라도 이 책에서 소개한 시나리오의 학생 수행의 풍부함을 보여주지 못할뿐더러 이는 우리가 추진했던 비전과 미션 유형에도 근본적으로 부합되지 않는다.

전통적인 채점 및 통지 관행의 약점을 해결할 아이디어를 제시하기 전에, 다음 질문들을 숙고해보자. 첫째, 통지표의 목적은 무엇인가? 통지의 주된 목적은, 확정된 교육효과와 관련하여 성취와 진전에 관한 중요한 정보를 학생과 학부모, 교사, 관리자에게 알리는 것이다. 이러한 목적은 통지가 교과 내, 그리고 교과를 아우르며 목표로 삼은 '모든' 교육효과에 관한 정보를 제공한다는 것을 의미한다. 만일 미션 내에서 초교과적 교육효과를 확인했다면 학생들이 이러한 역량을 어떻게 발전시키고 있는지 통지해야 한다.

둘째, 가치 있다고 공표한 모든 것에 대해 통지하고 있는가? 현재 대부분의 학교 통지표는 학과목에서의 학생 성취도를 등급 또는 평점으로 알려주지만, 미션 관련 교육효과의 성취에 관해서는 사실상 거의 알려주지 않는다. 물론 창의성, 세계시민정신, 자기주도학습과 같은 초교과적 교육효과를 평가하고 채점하기는 더욱 어렵다. 그러나 이러한 교육효과와 관련된 학생의 성과를 평가하고 통지하지 않는다면, 그것은 덜 중요한 것으로 간주되어 관심을 받지 못할 것이다. 초교과적 교육효과는 학습자와 학교의 성공을 정의하는 일부가 되어야 한다.

셋째, 통지표의 등급은 무엇이며 어떻게 결정되는가? 통지표의 성적은 단순히 성취도 또는 성과 수준을 기호로 나타낸 것이다. 통지표가 통지의 수단으로서 기능하기 위해서는 성적 등급이 의미하는 바가 명확해야 하고, 또 공정하고 일관된 방식으로 산출되어야 한다. 그러나 교사가 교과 영역 또는 미션 관련 성과를 '단 한 개'의 통지 등급으로 기록해야 할 때, 명확한 전달에 있어서 복잡 미묘한 요소가 존재한다. 성취, 향상, 노력과 같은 다양한 요소를 평균을 산출하는 방식으로 처리해버림으로써 등급의 의미가 부지불식간에 손상될 수 있는 것이다.

마지막으로, 통지는 어떻게 향상될 수 있는가? 우리는 채점과 통지의 개혁을 적극 옹호하는 입장이며, 다음 세 가지 요소가 평가되고 통지될 것을 제안한다. 첫째, 교육효과 성취, 둘째, 교육효과를 향한 진전, 셋째, 학업습관이다. 이 각각의 요소에 대해 좀 더 면밀히 살펴보기로 하자.

성취

학교의 비전 및 미션과 관련된 21세기 학습목표는 평가와 통지 프로세스에서 중요한 위치를 차지해야 한다. 앞서 논의했던 평가실행(예: 접목하기)이 준비되었다면, 교과적·초교과적 성취(achievements)에 대한 학생 수행자료가 많이 있어야 한다. 따라서 기존의 교과 영역에서의 성취를 통지하는 것 외에도, 통지의 구성은 다양한 상황에서의 협업과 창의적 사고와 같은 21세기 역량 면에서 각 학생의 성과를 각자에 맞게 구체적으로 제공해야 한다. 그렇게 함으로써 미션에 명시된 대로 교육효과와 통지 프로세스 및 결과물을 연계시킬 수 있을 것이다.

학생 성취도에 대한 성적과 통지표는 다음에 기반할 때 더욱 명확해지고 의미를 갖게 될 것이다.

- 교과 및 초교과 영역 모두에서 명확하게 진술되고 합의된 교육효과
- 그러한 교육효과에 대한 타당한 평가
- 특정 수행지표와 수행기준에 기반한 평가기준(루브릭과 숙련도 연속체)의 일관된 적용

통지표에는 각기 다른 유형의 학습목표가 구별되어야 한다. 예컨대, 어느 학생이 사실을 암기하고 객관식 기억력 테스트를 통과해 A를 받는다면, 이는 그 학생이 자료를 깊이 이해하며 그 지식을 새로운 상황에 적용하는 능력이 있다는 것을 의미할까? 반드시 그렇지는 않다! 대부분의 현행 평가와 통지시스템에서는 실질적으로 다른 그러한 척도들이 충분히 구분되지 못하는 실정이다. 따라서 기초 지식과 스킬의 '습득'과 '적용' 및 '전이'를 구별하기 위해서는 학생 성취 통지에 대해 좀 더 세분화된 접근법이 필요하다. [도표 7. 1]은 수학 교과에 있어서 이러한 구분의 예를 제공한다.

수행영역	수행지표
기초 지식과 스킬	• 기초 연산에 관한 지식 • 계산의 정확도
적용과 전이	• 적절한 지식, 스킬, 개념적 이해, 수학적 추론을 복잡하고 현실적인 문제를 해결하는 데 적용

출처: International School of Beijing(2012)에서 응용

진전

확정된 교육효과를 향한 개인의 성장과 진전(progress)은 별도로 평가함이 마땅하다. 학생마다 학습을 시작한 출발점이 각기 다르고, 학습이 진전되는 속도도 각자 다르며, 학습자로서 서로 다른 강점을 갖고 있기 때문에, 평가가 공정하려면 그들이 어느 수준에서 시작했는지, 예컨대 마지막 마킹기간(marking period, 미국 학교에서 학업성취도를 평가해 통지하는 시점으로, 9주에 한 번씩 총 4회에 걸쳐 통지된다-옮긴이)으로부터 얼마나 향상됐는지를 측정해서 통지해야 한다. 예를 들면, 학습부진 학생이 구체적으로 명시된 연속체상에서 상당한 진전을 보일 때, 그러한 향상은 통지하고 축하해줘야 한다.

수영과 태권도와 같이 특정 운동에 들이는 노력에 대해 진전도를 통지하는 것은 당연하다. 잘 다듬어진 숙련도 척도가 있으면 교사는 학생 개개인의 수행 수준을 명확하고 일관되게 기술하고, 다음 단계에 도달하는 데 필요한 향상 목표를 정할 수 있다. 숙련도 척도는 국어과목을 비롯한 언어과목의 읽기, 쓰기, 듣기, 말하기 과정에

서도 쉽게 사용할 수 있다. 학업성취도와는 별개로 진전도를 통지함으로써, 교육이 좀 더 개인화되고 통지표도 더 진솔하고 유용한 정보를 제공하게 된다.

학업습관

일을 제때에 완성하고, 힘겨운 과제에 직면해서도 끈기 있게 매달리며, 능동적으로 참여하고, 피드백에 따르는 것과 같은 생산적인 학업습관(work habits)은 학교에서뿐 아니라 인생에서 꼭 필요한 능력이다. 학업습관에 관한 통지는 게으른 학생들을 적절하게 폭로하는 한편, 부지런한 학생들의 노력을 강조한다. 물론 우리가 포함시키려는 습관들을 조작적으로 정의하고, 각각에 대해 관찰 가능한 수행지표를 확정할 필요가 있다. 예를 들면, 뉴저지주의 중학교(West Windsor-Plainsboro Schools) 교사들은 책임감 있는 자기주도학습자의 특성을 정의하기 위해 다음과 같은 지표를 개발했다.

- 수업을 준비해 온다.
- 마감일을 지키기 위해 시간을 계획하고 배분한다.
- 책임을 완수한다.
- 지시에 집중하고 따른다.
- 자신의 행동을 관리해서 집중상태를 유지한다.
- 시간과 자료를 체계적으로 정리한다.
- 힘겨운 상황에서 인내한다.

- 주인의식을 갖고 학업과 행동을 한다.
- 어떤 상황에서도 최선을 다하고자 애쓴다.
- 정확성을 추구한다.
- 독자적인 연구를 수행한다.

이와 같은 구체적인 지표를 이용해서 교사와 학생 모두 이러한 습관을 일관성 있게 평가하고 명확하게 통지할 수 있다.

통지표를 향상시키기 위한 이 권장사항은 한 가지 자명한 이치를 반영하고 있는데, 그것은 우리가 평가하고 통지하는 것이 우리가 가치 있게 여기는 것을 보여준다는 것이다. 교과적 교육효과와 더불어 초교과적 교육효과를 통지표에 포함시키는 것은 미션과 관련된 성과가 정말 중요하다는 점을 시사한다. 우리는 기초 지식과 스킬의 습득을 이해 및 전이와 구별함으로써 학습을 적용하는 것의 중요성을 강조한다. 또한 교육효과를 향한 진전도를 통지함으로써 개인의 성장과 지속적인 향상을 가치 있게 여긴다는 것을 알려준다. 학업습관을 별도의 통지 항목으로 포함시킴으로써, 이러한 습관이 성공에 중요하고 따라서 존중받아야 한다는 점도 시사한다.

러닝보드 개념

전통적인 통지표는 시간이 정해져 있고 학교 일정에 매여 있다. 특정 시점(종종 마감이 임박한 성적통지의 쇄도 후)에 이르면 학교에서는 통지표를 한바탕 쏟아 낸다. 그러나 만일 우리가 임의의 날짜에만 성적을 통지하는 것이 아니라, 가장 적절한 때(학급, 과목, 학년별로 다를 수 있다)에 학생의 진전도를 알려줄 기회로 통지표를 바라본다면 어떨까? 통지표에 포함되는 내용이, 확정된 목표와 과거의 수행 추이, 그리고 독창적이고 개인화된 수행의 시연에 견주어 해석되는 학생학습의 결과물이라면 어떨까?

미래학습의 증거는 현재 대부분의 학교에 존재하는 것보다 훨씬 짜임새 있는 통지시스템을 통해 수집·정리·전달될 수 있고 또 그렇게 되어야 한다는 것이 바로 우리의 주장이다. 우리는 여전히 기존의 방식으로 성적을 산출할 수 있지만, 우리의 미션에 선언된 모든 학생의 성취도를 확실하게 통지하려면 정교하고 다각적인 측정 기준이 필요하다.

이러한 통지시스템을 시각화하는 한 가지 방법은 '러닝보드(learning board)'로 알려진 디지털 대시보드를 사용하는 것이다. 러닝보드는 학생의 학습(과정과 결과물 모두) 증거를 수집하고, 그 증거를 우리가 기대하는 교육효과 중심으로 조직하며, 학생, 학부모, 교사, 관리자가 정교한 분석도구를 사용해 그 증거데이터와 상호작용할 수 있게 해주는 디지털 대시보드 정도로 생각할 수 있다. 우리는 교육용 소프트웨어 회사(EduTect)와 협력해서 러닝보드(LearningBoard)로 알려진 상업용 시스템을 개발했다.

이 시스템은 학교의 미션 및 교육효과와 관련된 학습데이터를 수집·집계·해석하며, 다음과 같은 것을 제공한다.

- 성과(예: 학생성취도, 진전도, 학업습관) 통지를 역동적으로 저장하고 전달하는 실시간 통지 대시보드
- 학생 학업에 대한 평가와 사례, 자기평가의 결과를 저장하는 확장된 e-포트폴리오 시스템
- 교육과정 및 관련 자원에의 접근이 용이하고, 학습의 상호작용(교사와 학생 간, 학생과 학생 간, 학생과 학부모 간)이 가능한 간단한 학습관리시스템(learning management system, LMS)
- 평가(예: 초석과제)와 연계된 수행지표와 준거기준이 통합된 전체 성적표
- 교과 영역과 초교과 영역에서의 학업성취도·진전도·학업습관의 향상도를 나타낸 인포그래픽
- 학생, 학부모, 교육자가 상시 이용할 수 있는 학생 학습의 역동적인 모습
- 학생이 프로젝트 기획, 자기평가, 성찰, 목표설정, 개인화된 학습의 산물을 보관하기 위해 사용할 수 있는 도구

이러한 자원이 학교의 미션과 관련된 학생 수행 및 성장에 관한 의사소통의 양과 질을 어떻게 확연히 향상시킬 수 있겠는지 생각해보라. 교사는 학생들의 학습에 관해 전달할 증거를 폭넓게 가질 수 있다. 그들은 학급평가, 표준화시험, 학생들이 제공한 결과물(학습환경 안에 있는 스마트폰과 태블릿으로 수집), 학생의 자기평가와 성찰을 포함해 다양한 정보원에서 데이터를 모을 수 있다. 이렇게 증거를 수집하면 학생마다 증거가 다를 수 있고, 이는 학생 각자의 성취와 성장

을 좀 더 개인적인 방식으로 보여줄 수 있게 한다. 게다가 통지표를 발부하는 것도 정해진 때에만 하는 것이 아니라, 단원이나 주요 프로젝트가 끝난 후와 같이 가장 자연스럽고 적절한 때에 가능하다.

미래학습 환경(특히 초교과적 교육효과 영역)에서 학습의 대부분은 학생들이 실제적인 과제와 프로젝트에 몰두할 때 구체적으로 입증될 수 있다. 교사가 학생들이 하던 일을 멈추게 하고는 그 맥락을 벗어난 방식으로 평가하는 것은 작위적이고 또 불필요하다. 운동코치가 선수의 수행을 경기 중에 평가하듯이, 교사는 러닝보드시스템을 통해 학생들의 교육효과 입증을 실제 수행의 맥락에서 포착할 수 있다.

이러한 통지표 유형이 교사의 업무를 가중시키는 것처럼 보일 수도 있겠지만, 현재 사용되는 시간을 효율적인 과학기술을 활용하며 보낸다고 생각하기 바란다. 예컨대, 교사들이 이미 성적을 기록하고 통지표를 준비하고 있다고 해보자. 우리는 단지 이 업무를 좀 더 역동적인 평가와 통지 환경으로 바꾸자는 것이다. 교육과정 정보를 기존 출처(예: 교육과정 매핑시스템)에서 직접 가져온다면, 기본적인 교육과정 정보, 학습일정, 과제물, 자료 등을 제공하기 위해 LMS 내의 학급 사이트를 유지할 필요가 없게 된다. 이렇게 되면 더 효율적으로 그 시간을 원래대로 학습의 증거를 수집하고 학생들과 공유하는 데 사용할 수 있을 것이다.

학생 학습의 그런 증거가 교육효과와 뚜렷하게 연계되어 포착되고, 표시되고, 해석된다면, 특히 학생들이 다양한 경험과 현장에서 이끌어낸 학습의 증거를 제공할 때, 우리는 점점 발전해가는 학생 성장과 성취에 대해 아주 풍성한 그림을 만들어갈 수 있을 것이다.

테드의 러닝보드

이제 테드라는 가상의 학생을 예로 들어 에듀텍트(EduTect)의 러닝보드(LearningBoard)를 살펴보고, 그 가능성을 생각해보자. 테드와 반 친구들에게 특정 책에 대한 이해를 다양한 자료를 엮어서 입증하라는 과제가 주어졌다. 테드는 직접 만든 작품, 자기평가, 그리고 책의 의미에 대한 감상문을 제출해야 한다. 테드는 먼저, 그 책을 다룬 가상영화의 짧은 동영상 예고편을 만들기로 결정한다. 자신이 개발 중인 의사소통 스킬과 자신의 이해도를 보여주기 위해서이다. 자기평가와 감상문과 관련해 테드는 기존 루브릭(rubric)을 이용해 책에 대해 이해한 것을 평가하고, 자신의 논평을 스마트폰에 녹음하면서 책의 의미를 곰곰이 생각한다. 그는 러닝보드에 동영상과 음성파일을 모두 업로드한다.

이 예는 시험시간이 정해진 테스트에서뿐 아니라, 다양한 출처에서 증거를 수집할 수 있는 가능성을 보여준다. 학습환경이 더욱 개인화되고 있기 때문에, 의미 있는 모든 학습이 교실이나 학교 일정에 국한되어 있다고 생각해서는 안 된다. 사실, 러닝보드를 이용하면 학생들이 전통적인 수업시간 외의 학습경험에서 얻은 증거와 성찰을 제공할 수 있다. 학생들은 여름캠프, 현장실습, 클럽활동 및 스포츠 참가, 가족여행, 그 밖에 정해진 교육효과 관련 영역에서 학습과 수행을 입증하는 증거를 제공할 수 있어야 한다. 그들은 학교 밖 멘토에게 결과물을 보내 의견과 평가를 받고, 그 피드백을 반영해서 구체화할 수 있어야 한다.

우리는 새로운 개인화 시대에 대비할 필요가 있다. 학생들은 자신의 학습방향과 학습형태에 대한 통제권을 더 많이 갖게 될 것이다. 학교교육이 개인화되고 '언제 어디서나' 가능한 학습이 현실화됨에 따라, 학습경험 전체를 담아내고 교육자와 학부모, 학생이 그 경험들을 기대하는 교육효과와 관련 수행지표에 비춰 해석하도록 돕는 데 러닝보드와 같은 자원은 필수적이다.

[도표 7. 2]는 테드의 러닝보드 홈 화면으로, 다양한 디스플레이 범주와 사용 가능한 도구를 보여준다.

[도표 7. 2] 러닝보드 홈 화면

출처: EduTect Holdings Pty Ltd(2015), 허가받고 사용

수행 추적

학생(및 학부모)이 실현 가능한 목표를 세우고 앞으로 나아갈 수 있기 위해서는 시간의 흐름에 따른 수행을 추적할 수 있어야 한다. 그래야 학습자가 자신의 학습내용을 성찰하고, 다양한 교과 및 초교과 영역에서 자신이 어디에 있고 어디에 있어야 하는지 더 잘 이해할 수 있다. 러닝보드의 '최신 평가결과(Latest Assessment Results)'([도표 7. 2]의 우측 상단)에는 가장 최근에 평가된 테드의 수행성과가 표시된다. 이것은 쌍방향 복합순환모델(interactive circumplex)에 있는 수행데이터를 보여주며, 이를 통해 사용자(뷰어, viewer)는 실제 증거출처를 확인하고 이러한 성취도 스냅숏에서 의미 있는 통찰력을 얻을 수 있다. 이 기능은 최신 데이터를 테드 앞에 둠으로써, 특정 영역에서의 작업에 대한 피드백에 테드가 즉각적으로 접속할 수 있게 해준다. 테드는 최근의 수행을 이전의 것과 비교도 하고, 다른 과제와 평가의 데이터를 결합할 수도 있다. 이 데이터 디스플레이는 또 교사들이 테드의 학습을 더 잘 지원하려면 수업을 어떻게 조정해야 하는지 알게 해준다.

초교과적 교육효과에 대한 평가와 통지는 전통적인 교과에서 등급을 매기는 식으로 성취평가를 하는 것보다 더 까다롭기 십상이다. 더욱이 미션기반의 초교과적 교육효과는 학교마다 다를 것이기 때문에 맞춤식 러닝보드시스템이 필요하다. 예컨대 테드가 다니는 학교에서 중점을 두고 있는 초교과적 교육효과는 첫째, 21세기 학습의 4Cs(비판적 사고·창의성·협업·의사소통), 둘째, 균형 있고 윤리적인 시민

으로서의 특성과 자질, 셋째, 자기주도학습자의 스킬·특성·자질 등
세 가지이다. 이와 관련해 학생 저마다의 진전을 어떻게 측정하는지
테드의 러닝보드 화면에서 관련 요소를 살펴보자.

[도표 7. 3]에 나와 있는 테드의 러닝보드에서 4Cs 영역은 4Cs 수
행지표와 관련된 학생 수행과 성취를 반영하는 모든 학습증거가 모
인 정보센터로 기능한다. 막대그래프는 다양한 교과 영역에서 드러
난 테드의 비판적 사고·협업·의사소통·창의성 역량을 나타내는 한
편, 균형바퀴(Balance Wheel)는 4Cs의 수행을 종합적으로 나타낸다.

4Cs를 접목한 평가 및 초석과제에서 도출한 모든 수행데이터는
수행지표와 연계된 학습결과물과 함께 제공된다. 학생들은 이러한
결과물을 교사가 수행평가에 사용하는 것과 동일한 기준과 루브릭
으로 자기평가를 할 것이다. 학습하는 동안 (학생, 동료 또는 교사에 의
해) 포착된 증거에 대한 학생들의 성찰은 초교과적 교육효과와 정렬
될 것이며 자기평가 또는 동료평가를 받게 될 것이다. 예컨대, 테드
는 협업 영역의 수행지표에 대한 서비스학습을 하는 동안 일어난 그
룹 상호작용의 비디오를 자기평가할 수 있다. 이 모든 데이터는 4Cs
화면 좌측 상단의 쌍방향 그래픽으로 통합된다. 사용자는 개별적인
증거와 더불어 그것이 성과 및 성장의 더 큰 그림에 기여한 것을 세
부적으로 확인할 수 있다.

[도표 7. 3]의 우측 상단에 있는 결과는 세 가지 유형의 모든 증거
의 수행이 사용자의 '시간 경과에 따른 변화' 그래프에서 어떻게 집
계될 수 있는지를 보여준다. 그래프의 각 노드(node)는 증거의 일부
를 나타낸다. 노드를 클릭하면 교사평가, 자기평가, 코멘트, 성찰, 결

[도표 7. 3] 테드의 러닝보드에 있는 4Cs 영역의 예

출처: EduTect Holdings Pty Ltd(2015), 허가받고 사용

과물 등이 포함된 특정 증거물에 접속할 수 있다. 러닝보드 화면 아래쪽에 있는 비교그래프는 테드가 다양한 학습 영역에서 4Cs의 수행을 확인할 수 있는 또 다른 방법을 보여준다. 그는 다양한 교과를 넘나들며 자신의 수행에 대한 질문을 생각해냄으로써 귀한 통찰력을 얻을 수 있다.

여기서 주목할 점은 테드와 그의 부모가 전체적인 관점에서 재빨리 관찰한 다음 좀 더 배우기 위해 특정 분야를 더 자세히 살펴볼 수 있다는 것이다. 이런 유형의 탐구를 촉진함으로써, 우리는 진행 중인 수행에 대해 성찰하도록 학생들을 유도하고, 그들이 관찰하고 통찰력을 얻고 개선이 필요한 영역을 목표로 삼도록 도울 수 있을 것이다.

프로젝트 기획과 관리

21세기 역량 개발에 관심을 가지고, 학생들을 더 적극적이고 실제적인 학습에 참여시키는 수단으로 프로젝트기반 학습(project-based learning, PBL)을 도입하는 학교가 늘고 있다. PBL은 교사의 과도한 지시 없이 학습자가 자신의 시간과 행동을 계획·관리하는 능력을 향상시킨다. 러닝보드는 프로젝트와 장기과제의 설계, 구현, 모니터링에 학생들이 사용할 수 있는 도구를 제공한다.

예컨대 테드는 러닝보드의 프로젝트 계획표(Projects Planner) 영역에서 프로젝트기반 탐구를 기획하고, 프로젝트 관리도구를 이용해 접근법과 팀원을 구성하고, 자원을 공유한 다음, 평가기준(benchmarks)을 검토하고 다양한 단계를 통해 프로젝트를 조정할 수 있다. 실제적인 입안과 프로젝트를 관리하는 추적도구를 제공함으로써 이 시스템은 자기주도적이고 협업하는 학습자의 육성에 기여한다.

콘퍼런스

다양한 단계에서 학생들은 청중을 위해 학습증거를 체계적으로 정리할 필요가 있을 것이다. 청중은 학부모(학생 주도 콘퍼런스), 교사(촉진자 콘퍼런스) 또는 학교 외부인(전시회, 전문가 대상 발표, 인턴십, 멘토 콘퍼런스)이 될 수 있다. 정기적인 콘퍼런스를 계획하고 시행함으로써 학생들은 성취와 성장의 실제적 증거를 체계적으로 정리하고 청중에게 제시하며 이로 인해 자신의 학습에 대한 더 큰 주인의식을 갖게 된다.

테드는 러닝보드에서 '콘퍼런스 계획표(Conference Planner)'에 접속해 수행과 성장 전반의 증거 정리 및 발표를 준비할 수 있다. 실제로 테드는 다양한 콘퍼런스와 청중을 위해 사용할 일련의 '테드의 최상' 스냅숏을 만들 수도 있다.

목표 설정

목표 설정은 상위인지와 자기주도학습능력의 지속적인 개발에 도움이 된다. 학생들은 질문을 만들고 다양한 방법으로 수행을 분석해서 자신의 학습에 대해 샅샅이 알 수 있어야 한다. 여기서 핵심은, 이 모든 풍부한 수행데이터를 누구나 이용할 수 있고, 쉽게 접속하고 이해할 수 있는 형식(예: 인포그래픽)으로 만들어서 학생들이 자신의 학습 강점과 좀 더 관심이 필요한 영역을 제대로 알 수 있게 하는 것이다.

러닝보드의 '나의 목표(My Goals)' 영역에서 테드는 수집된 수행 데이터에 접속해서 관찰하고 추론하고 추이를 발견할 수 있다. 이러한 데이터가 목표 설정의 기초가 된다. 그는 증거를 역동적이고 실제적으로 통합함으로써 자신의 목표를 향해 얼마나 진전했는지 추적할 수 있다. 사실, 이러한 분석은 모든 영역에 해당되며, 학생 각자의 성장과 관련 증거에 따라 학생들에게 연령에 맞는 도구를 제공한다. 예컨대 테드는 수학 및 과학에서의 비판적 사고 수행과 사회 및 영어에서의 수행을 비교하고 싶을 수도 있다. 그는 이렇게 물을 수 있다. '다른 유형의 비판적 사고가 요구되는 과목에서 나의 수행은 달라질까? 그렇다면 어떻게, 왜 그렇지?' 또는 이런 질문의 답을 알고 싶을 것이다. '4Cs에서의 수행은 시간이 지나면서 어떻게 달라졌지?' '내가 배운 협업 전략을 이용하면 협업 관련 수행이 향상될까?'

학생이 제공하는 증거

디지털 형식을 포함해 포트폴리오는 수년 동안 학생의 다양한 작품 모음집으로 사용되었다. 그러나 이러한 모음집은 주류 학습환경 바깥에 존재하며 해석 없이 편집만 된 경우가 너무 많다. 우리는 학업의 증거를 수집하고 편집하는 일의 가치를 지지하지만, 중요한 것은 이러한 증거가 명확한 학습목표와 연계되고, 수행 및 성장 지표가 우리가 기대하는 교육효과와 결부되어 있어야 한다는 것이다. 학생 작품들은 교사평가와 연계되어야 학생의 학습스토리를 보완하는 증거로 기능할 수 있다.

러닝보드를 활용해 학습자들은 결과물을 학습과 성장의 증거로 제공할 수 있다. 러닝보드는 자기주도학습을 강화하는 방식으로 학생들의 자기평가, 성찰, 목표 설정을 지원한다. [도표 7. 4]는 테드의 러닝보드에서 '증거(Evidence)' 영역을 보여준다.

이 사례에서 테드는 결과물(프로젝트 계획과 동영상)을 제공했다. 그런 다음 테드는 이 특정 결과물을 맥락(예: 학습활동 또는 단원평가의 일부)에 배치하고 그런 식으로 태그를 붙인다. 테드는 결과물 및 그것이 반영한다고 생각하는 것에 대해 설명을 추가할 수 있다. 마지막으로, 4Cs의 수행 또는 성장을 대표하는 것으로 태그를 추가하고,

[도표 7. 4] 테드의 러닝보드에 있는 결과물과 증거 영역의 예

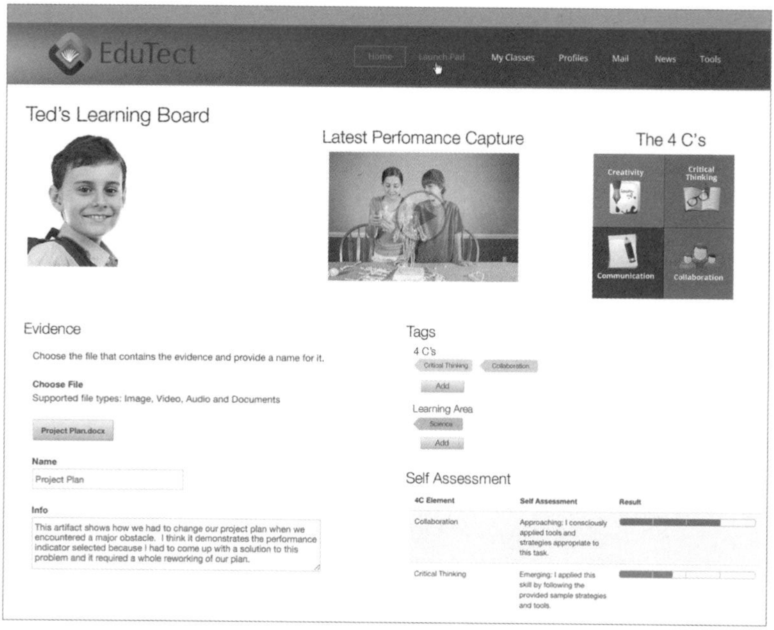

출처: EduTect Holdings Pty Ltd(2015), 허가받고 사용

교사가 이용하는 일반적인 평가 루브릭과 기술어(descriptors)에 따라 수행을 스스로 평가할 수 있다. 테드의 자기평가는 유사한 영역에서의 교사평가와 비교될 수 있다.

이와 같이 학생이 제공한 결과물은 학업목표와 초교과적 교육효과에 모두 연계될 수 있다. 학습의 결과물과 증거는 자기주도학습자의 관찰 가능한 스킬과 행동을 나타내는 수행지표로 태그될 수 있다. 그것은 시간이 지남에 따라 목표를 향해 나아가는 진전의 증거로 추적될 수 있으며, 새로운 형식의 '통지표'에 포함될 수 있다. 이 통지표는 학생이 투입하는 노력을 학습스토리의 중요한 일부로 가치 있게 여긴다.

전인교육

러닝보드의 '전인교육(The Whole Child)' 영역에서 테드는 다양한 교육효과에 걸쳐 자신의 성장을 보여줄 학교 밖 경험의 결과물을 제공할 수 있다. 예컨대 여름방학 아르바이트에서 받은 피드백은 협업 스킬의 증거로 제공될 수 있다. 그 밖에 과외활동, 동아리, 취미, 개인적 관심사에서 얻은 증거가 러닝보드에서 수집·편집될 수 있다. 이렇게 해서 전인교육의 중요성이 강화되는 동시에 초교과적 교육효과의 가치도 올라간다.

교사와 학부모 데이터 수집

러닝보드를 통해 교사와 관리자는 데이터에 접속해 분석하고 그것을 수많은 방식으로 사용할 수 있다. 증거의 각 요소는 학생, 교사, 교과 영역, 성적, 교육효과 등과 여러 관계가 있으며, 이러한 관계는 모두 학습데이터를 한데 모으고 분류함으로써 유익하게 채굴될 수 있다. 예컨대 교사는 테드와 같은 특정 학생을 보고, 그가 4Cs의 수행에 있어서 다른 학급 또는 학년에서와 동일한 수준을 보이는지 그렇지 않은지 확인하는 것을 좋아할 수도 있다. 어쩌면 교사가 초석 과제에 대한 4Cs의 수행에 있어서 자신의 학급과 다른 학급을 비교하고 싶어 할 수도 있다.

전문학습공동체(professional learning community, PLC)의 일환으로, 교사팀은 교과적·초교과적 교육효과에 대한 다양한 데이터 출처 분석을 이용해, 개선을 요하는 학생 학습의 영역을 목표로 정할 수 있다. 그들은 도구나 전략을 도입해 결함 영역을 다루고, 시간에 따른 변화를 추적해 이러한 투입과 산출이 과연 기대하는 교육효과를 얻었는지 확인할 수 있다.

학부모 역시 자녀의 학업결과물과 자기평가는 물론, 성취와 진전에 대한 데이터에 접속할 수 있어야 한다. 예컨대 테드의 부모는 간단한 분석도구를 적용해 테드의 학습 강점과 주의가 필요한 영역에 대한 통찰을 얻을 수 있다. 이러한 수준의 접근성과 투명성이 의미하는 바는, 학교의 미션과 그 성공의 정의가 지역사회 전체에 스며들고 모든 면에서 강화된다는 것이다.

개념은 비교적 간단하지만, 모든 시스템의 정렬이 강력한 힘을 발휘하려면 그것이 학생 수행의 풍부한 자료에서 도출된 확실하고 구체적인 증거를 통해 미션 달성을 구체적으로 기록하는 데 역점을 둬야 한다.

어떤 하루

이 장에서 우리가 제시한 아이디어는 학교의 익숙한 성적통지 관행을 벗어나기 때문에 구체적으로 떠올리기 어려울 수 있다. 틀림없이 전자성적표, 데이터 대시보드, e-포트폴리오, 학습관리시스템 등과 같은 기존 도구의 혼합으로 여겨질 것이다. 우리의 개념이 이러한 요소를 어떻게 통합·강화하고 교육효과와 연계시켜 학습을 향상시키는지 이해할 수 있는 최상의 방법은 아마도 예시를 보여주는 내러티브(narrative)를 통해서일 것이다. 이제 한 중학생의 '어떤 하루'를 살펴보며 이 학생이 러닝보드와 어떻게 상호작용하는지 생각해보자. (앞서 언급했듯이, 이 내러티브는 학교에서 선호하는 미래와 학습 비전에 대한 이야기를 하기 위해 개발될 수 있는 미래 가공물의 좋은 예이다.)

화요일 아침, 켈리가 학교에 도착해서 친구들과 담소를 나누고 교실에 들어가 노트북을 연다. 그녀는 메시지를 몇 개 확인한다. 몇몇은 학급 전체 공지이고, 하나는 프로젝트 촉진자가 그날 있을 회의를 상기시키기 위해 보낸 단체 메시지이다. 또 하나는 프로젝트를 같이하는 팀원 중 한 명이 보낸 것으로, 회의를 준비하러 점심시간에 만나자는 내용이다. 내일 아침 수학시간에 예정된 평가의 일정 알림도 있다.

켈리가 러닝보드를 열어 보니 전날 과학시간에 한 발표에 대한 평가결과가 새로 올라와 있다. 그녀는 성적을 본 후, 기초·적용·전이에 대한 코멘트, 그리고 의사소통과 비판적 사고의 교육효과 영역을 본다. 또한 생태계에 관한 프로젝트를 발표하는 사진을 보고, 자신이 해결책을 뒷받침하는 자료를 제시한 방식에 대해 교사가 달아둔 코멘트를 읽는다. 그녀는 모든 영역에서 자신의 점수를 보고, '아이디어를 충분히 뒷받침하지 못한 것 같으니, 다음번에는 그 점에 신경 써야겠다'고 생각한다.

수업이 시작되자 교사는 학생들에게 4Cs 중 한 가지와 관련해 제출한 최근 결과물로 이동해서 왼쪽에 앉은 사람과 러닝보드를 통해 그것을 공유하게 한다. 왼쪽에 앉은 학생은 온라인상에서 코멘트를 다는 것으로 반응을 보여준다. 그다음 그 두 학생은 자신들의 특정 결과물과 그것이 입증하는 바에 관해 5분 동안 미니 콘퍼런스를 열고, 역할을 바꾸어 다시 미니 콘퍼런스를 시작한다.

켈리는 최근에 자신이 업로드한 결과물—사회시간에 비판적 사고의 증거로 수행한 비교차트—을 열어 왼쪽에 앉은 애니카와 공유한다. 이번에는 오른쪽에 앉은 윌리엄이 결과물을 그녀와 공유했다는 알림 메시지를 받는다. 켈리는 협업의 예로 태그된 그 결과물을 열고 윌리엄의 코멘트를 읽은 다음 자신의 코멘트를 덧붙인다. 이때, 관련된 수행 연속체에서 윌리엄이 선택한 수행지표를 어느 정도까지 보여줬는지에 대한 평가도 포함시킨다. 켈리는 애니카를 만나 자신이 해석한 것에 대해 토론하고 나서, 윌리엄을 만나 그 의견을 공유한다.

교사는 오전의 수학수업 활동을 간단히 소개한 뒤, 학생들에게 각자 자신의 러닝보드 화면에서 이 활동을 위한 단원 자료에 접속할 것을 지시한다. 켈리는 짝과 함께 앉아 활동과 자료를 검토하고, 수학의 도전과제에 착수한다. 이 과제를 하는 동안 켈리는 학교의 아이패드(iPad)를 이용해 그들이 짓고 있던 다리의 사진을 찍는다. 그 다리는 규정된 중량 이하의 무게도 견디지 못하고 붕괴되었다. 그녀는 그 사진을 온라인으로 짝과 공유한다. 나중에는 앞으로 되돌아가서, 자기주도학습자의 특성 목록에 있는 '실패로부터 배우기'의 증거로 그 사진을 태그하고, 자신이 그 실패로부터 무엇을 배웠는지, 또 그다음 시도에서는 접근법을 어떻게 바꿨는지에 대해 코멘트를 덧붙일 것이다. 아마 그녀는 이 수행지표에 대해 자신을 그다지 높게 평가하지 않을 것이다. 먼저 계획과 예측을 조정하기보다는 그것을 건너뛰고 시행착오를 하는 방식으로 진행했기 때문이다.

점심시간에 켈리는 프로젝트 짝과 함께 앉아서 오후에 있을 촉진자와의 회의를 준비한다. 그들은 프로젝트 계획을 검토하고, 프로젝트 계획표(Project Planner)에 포함시켜야 할 미완성 요소 몇 가지를 완성한다. 그들은 이 변경 사항을 촉진자와 공유할 계획이다.

늘 그렇듯이 학습코치와 함께하는 그룹세션으로 하루가 끝난다. 코치는 방금 끝난 사회과 단원에서 그들이 수행한 것에 대해 피드백을 줬다는 것을 상기시킨다. 코치가 다음과 같이 말한다. "오늘밤에 피드백을 검토하고 그 단원 전체에 대한 수행 요약 옆에 자기평가와 코멘트를 덧붙여주기 바랍니다. 이 단원을 학습하는 동안 선생님이 제공했던 증거를 검토하고 그것을 참고해서 코멘트를 쓰세요. 목요일에는 부모님이 피드백을 보실 예정이니, 내일 검토할 수 있도록 오늘밤에 마무리하세요."

마지막으로, 각자 재량껏 사용할 수 있는 시간이 반 아이들 모두에게 주어진다. 자신의 결과물을 업로드하고, 태그하고, 자기평가를 하고, 코멘트를 다는 아이들이 있는가 하면, 콘퍼런스 계획표(Conference Planner)로 들어가서 다음 주 초에 있을 학생 주도의 콘퍼런스에 대비해 몇몇 증거를 정리하는 아이들도 있다. 켈리는 창의적인 사고를 중심으로 설정한 목표에서 진전 상황을 확인한다. 그러고는 지난 2주 동안 이 교육효과의 수행지표를 포함하는 평가결과를 받았음을 알게 된다. 그녀는 질문을 곱씹으며 이 영역의 모든 수행지표에 대한 교사의 평가를 살펴보고, 시간 경과에 따른 변화를 찾아본다. 이 영역에서 자신의 수행이 모든 수업에서 향상되고 있는 것 같아 기쁘다. 켈리는 아이디어 생성 도구와 프로세스를 사용한 덕분에 자신의 수행이 향상된 것 같다는 내용의 성찰문을 덧붙인다. 켈리는 저녁에 할 과제를 검토하고 몇 가지 영역에서 해야 할 일을 일지에 메모한다. 벨이 울리고 켈리와 친구들은 버스를 타러 서둘러 나간다.

결론

미션을 엄중하게 받아들인다면, 미션 성취로 나아가는 진전 상황을 평가하고 통지해야 한다. 모든 증거자료는 교육효과와 연계되어야 하며, 학생과 교사, 학부모는 이러한 교육효과를 나타내는 수행지표에 따라 학생의 학습을 해석해야 한다. 이 정도로 깊이 있게 연계시키면, 관련자 모두가 부서·학교·학구에 걸친 코호트(cohort)그룹을 따라서 특정 시점에 다양한 방식으로 여러 수준(개인, 코호트, 부서, 학교, 학구)에서 우리가 바라는 교육효과로의 진전 상황을 추적할 수 있다.

이것은 또 투입(Input)-산출(Output)-교육효과(Impact) 프레임워크가 다시 시작되는 지점이기도 하다. 투입과 산출에 중점을 두고 변화의 노력을 시행하는 것은 학습조직의 야심찬 목표를 실현하는 데 좀처럼 도움이 되지 않는다. 그러나 기대하는 목표에서부터 시작하면, 학교 내에서의 진보적 노력을 하나로 통합시킬 수 있다. 여기에 이르기까지 우리는 이행의 방안으로 백워드 설계 프레임워크를 사용해, 목표로 정한 교육효과와 연계된 투입과 산출을 계획했다. IOI 프레임워크는 전체적인 시스템 차원에서 우리의 전략적 계획의 진행과 성공을 평가하기 위해서도 사용될 수 있다.

러닝보드와 같은 시스템을 통해 우리는 투입, 산출, 교육효과 달성의 성패 사이에 있는 상관관계를 탐색할 수 있다. 어떤 실행, 혁신, 프로그램 이행, 프로세스, 도구 등이 성공 또는 실패에 영향을 주는가? 어떻게 하면 효과적인(교육효과로의 진전에 도움이 되는) 접근법을 최대한 활용하고, 그렇지 않은 계획을 없애거나 방향을 전환할 수 있는가? 다시 말해서, 어떻게 하면 다양한 출처의 자료를 사용해서 우리가 더욱 적응에 능하고 지속적인 개선에 초점을 맞추며 교육효과를 달성하고, 나아가 우리의 미션을 수행할 수 있을까?

성적통지 방식이나 연계 방식도 학교별 또는 학구별로 21세기 학습을 위한 각자의 독특한 비전과 미션에 맞출 수 있게 유연하고 맞춤식이어야 한다. 데이터 수집 및 통지 도구의 질은 선행 작업과 시스템 전체의 모든 요소의 정렬이 얼마나 잘되었는지에 달려 있다. 그렇기는 해도, 우리는 러닝보드와 같은 시스템이 어떻게 우리가 바라는 변화를 이 시스템을 통해 백워드로 견인해갈 수 있는지도 보았다.

부서·학교·학구에서 어떤 방식으로 학생의 학습을 포착하고, 조직하고, 전달하는가는 그것이 무엇을 정말로 가치 있게 여기는지에 관해 많은 것을 말해준다. 학교에서 학생의 수행을 평가하고 통지하는 방식과 학교의 미션 간에 연계성이 있는 경우는 거의 없거나, 있더라도 극소수이다. 미션에 주의를 기울이는 것과 그것을 달성하는 것 사이에는 커다란 차이가 있다. 이 지점에서 이 책은 다시 원래의 출발점으로 돌아온다. 우리는 21세기 학습을 위한 강력한 비전과, 바라는 교육효과를 기반으로 한 실행 가능한 미션을 개발할 필요가 있다는 데에서 출발했다. 이제 학습조직이 그 비전과 미션의 달성 증거를 어떻게 나타낼 수 있는가라는 난제에 대해 가능성 있는 해결책으로 끝맺고자 한다.

이 책에서 제시한 프로세스를 실행하는 것은, 틀림없이 벅차고 어려워 보일 것이다. 이것은 기나긴 작업이다. 그러나 단계별로 한 걸음

한 걸음 나아간다면, 이러한 요소는 성취할 수 있을 것이다. 또한, 연계와 계획의 수준을 높여 미래학습의 비전과 미션을 실행하는 데 있어서도 이 요소는 반드시 필요할 것이다.

우리의 초점은 여러분이 '무엇'이 되어야 하는가에 있지 않다. 그보다는 학생들을 위해 여러분이 추구하는 미래를 '어떻게' 달성할 수 있는가에 있다. 이 책에서 대략적으로 설명한 단계들이 여러분이 또렷한 목적을 갖고 자신 있게 미래를 개척해가는 데 도움이 되길 바란다.

미래지향적 사고도구와
프로세스 자료

세계 각국의 단체들은 교육의 미래지향적 사고 분야에서 많은 일을 해왔고 또 하고 있다. 이는 대부분의 학교에서 자체적으로는 감당할 수 없는 작업이다. 따라서 학교에서 지식기반을 구축하고, 제1장에서 간략히 설명한 프로세스의 일부로서 통찰에서 예측으로 나아가는 데 이 자료가 실질적으로 도움이 될 수 있을 것이다(**go.solution-tree.com/leadership**을 방문해서 이 책과 관련된 자료에 접속하라).

- **Futurelab** www.futurelab.org.uk
- **Institute for the Future** www.iftf.org
- **KnowledgeWorks** http://knowledgeworks.org
- **MindShift** http://blogs.kqed.org/mindshift
- **New Zealand Council for Educational Research** www.nzcer.org.nz
- **Organization for Economic Co-operation and Development (OECD)** www.oecd.org/site/schoolingfortomorrowknowledgebase/futuresthinking/futuresthinking.htm

21세기 역량의
수행지표 예시

다음 도표는 한 학교의 초교과적 교육효과와 관련된 스킬을 중심으로 개발할 수 있는 수행지표 연속체의 사례가 될 것이다. 이는 종합적이지는 않다. 오히려 학교에서 시도할 수 있는 분석 유형의 예로 포함된다.

협업(Collaboration)

수행영역	초급	중급	고급
협업 프로세스와 과제관리 역량으로 타인의 작업을 향상시키기	• 큰 작업을 작은 작업들로 나누고 팀 전체에서 이를 공유한다. • 목표를 달성하기 위해 팀 전체의 여러 단계를 따른다. • 팀원 각자가 팀에서 발휘할 수 있는 스킬들을 확인한다. • 집중력을 유지하기 위한 새로운 자기관리법을 보여준다.	• 모든 프로세스를 위한 모둠 규범을 만들고 준수한다. • 팀원 각자의 재능과 경험을 최대한 발휘할 수 있는 팀 과제들을 만든다. • 신뢰와 존배성을 높이는 데 기여한다. • 필요한 경우 계획을 수정한다. 단, 이때 중간계도 수정의이 본질과 그것이 필요한 이유를 명확히 이해한다. • 작업에 도움 되는 도구와 프로세스를 사용한다.	• 각자의 성공 경험 또는 힘들었던 경험을 토대로 한 모둠이 표준과 촉진 프로세스를 이용한다. • 가치를 더해가는 방식으로 서로에게 의지하는 과제의 순서를 정한다. • 위계가 엄격하지 않고 비교적 수평적인 팀임 때에도, 팀원으로서 화실한 역할을 수행한다. • 제대로 진행하면서 해결책을 찾아가게 특정 특정 도구와 프로세스를 사용한다.
타인의 학습과 아이디어를 기반으로 하기	• 모둠학습과 아이디어에 관한 토론을 시작한다. • 과제나 문제에 접근하는 간단한 아이디어를 브레인스토밍해서 엄선한다.	• 모둠학습과 아이디어에 관한 토론을 진행하고 활기를 북돋운다. • 타인의 학습을 기반으로 주장하고 이를 과제와 연결한다. • 타인의 관점에 따르고 이를 이용해서 이해를 넓힌다.	• 모둠학습과 아이디어를 통합하고 강화하면서 새로운 이해와 접근법을 찾아간다. • 학습한 것을 토대로 팀의 방향을 조정하는 데 일조한다.

	•타인의 아이디어를 명확하게 이해하기 위한 질문을 한다. •자유롭게 의견을 주고받는 대화에 참여한다.		•타인과 다를 수 있는 관점을 찾아내며 해결책을 모색한다. •해결책을 설계하고 또 재설계하는 반복적인 특성에 중심히 전념한다.
훌륭한 팀원 되기	•모둠 내 긍정적인 상호작용에 참여한다. •모든 모둠원의 아이디어와 생각을 알려고 한다. •자신이 맡은 역할을 집중해서 수행한다. •자신의 생각과 아이디어를 명확히 설명한다. •타인의 관점을 존중하고 과제 또는 문제에 대한 다른 견해를 이해한다. •자신의 관점만 고집하지 않는다. •다른 사람의 감정을 인정하고 존중하고 있음을 표현한다. •모둠의 공동 목표를 이해하고 이에 헌신한다.	•자신의 이익에 반하는 집단적 이익의 개념을 이해하고 그에 따라 행동한다. •모둠 내 긍정적인 상호작용을 촉진하고 유지한다. •팀이 활발한 상호작용 시 저마다 중요하게 여기는 가치를 세심하게 대한다. •상황에 적합한 태도를 취한다. •팀 내에서 다양한 역할을 수행한다. •팀 전체만이 아니라 각 팀원에게 관심을 기울인다.	•자신과 타인 사이의 긴장을 관리한다. •모둠 내 활발한 상호작용에 힘쓰고 모두가 이견을 개진할 수 있도록 한다. •필요하다면 다른 사람을 위해 역할을 바꾼다. •과제 또는 수행에 대한 피드백을 구한다. •모둠에 도움 되는 역할뿐 아니라 정체되지 않은 역할도 새롭게 감당한다. •상황(예: 가상 vs. 면대면 환경)이 타인과의 상호작용에 미치는 영향을 인정하게 감지한다. •타인을 이끌거나 힘을 실어줄 목적으로 서로 관련을 맺고 연결한다.

의사소통(Communication)			
수행영역	초급	중급	고급
다양한 영역에서 효과적으로 소통하기	• 다양한 의사소통 방식을 접하고 선택할 수 있다. • 다양한 의사소통 관례와 유형을 탐구한다. • 목적과 대상에 가장 적합한 소통 방법을 이용한다. • 그래픽과 멀티미디어를 포함시킴으로써 의사소통에 효과성 및 영향을 더한다. • 교실의 장벽을 넘어 다중매체, 전자장치, 전자우편, 인터넷 등으로 소통한다.	• 의사소통의 관례와 형식을 전체 양식에 적용한다. • 표현능력과 해석능력 면에서 기민하게 양식을 바꾼다. • 가능성 있는 선택사항과 그 특정 목적·목표·매체·대상에 전수어 각각의 효과성을 비판적으로 평가함으로써 적절한 양식을 선택한다. • 다양한 매체와 과학기술 도구(텍스트, 이미지, 디자인 요소 등)를 전략적으로, 결과물에 가치를 더하는 방식으로 사용한다.	• 여러 양식을 직관적으로 바꾸며, 그것을 효과적으로 쉰느다. • 다양한 매체와 과학기술 도구를 전략적으로 활용하되, 그 결과물의 모든 면이 세심하게 계획되고, 목적이 분명하며, 필수적으로 보이게 한다. • 관심 있는 공동체를 파악하여 가입하고 정기적으로 상호작용 하며, 그러한 소통을 통해 공식·비공식 학습에 참여한다. • 양식 전반에 걸쳐 의사소통의 관례와 형식을 조작하고 실험한다.
복잡한 아이디어를 설명하고 사람들을 감동시키는 설득력 있는 내러티브 만들기	• 아이디어와 정보를 내러티브로 전달하기 위해 의사소통의 요소들을 정리한다.	• 원하는 내러티브로 청중을 이끌어, 논리적이고 일관성 있게 정보를 전달한다.	• 정서적·심리적·육체적·인지적 반응을 끌어냄으로써 청중을 내러티브에 연결시킨다.

	• 이미지와 기타 매체 요소들을 정리하고 강화해서 효과적으로 이야기한다. • 청중이 매끄럽게 따라오도록 끝까지 매끄럽게 아이디어와 이벤트를 순서대로 배열한다. • 청중과 연결해주는 공감과 매력로 소통한다.	• 사람들이 내러티브에 감정이입이 될 수 있도록 효과적으로 전달한다. • 청중이 감정과 열망에 아이디어를 연결한다. • 청중을 내러티브에 연결시키기 위해 사례, 유추, 은유를 다양한 방식으로 활용한다.	• 이사소통의 사회적·정서적 맥락(가치관, 관심사, 흥미, 기대)을 이해하고, 내러티브를 적절하게 조정한다. • 내러티브를 효과적으로 구사해서 아이디어를 전파하고 행동을 유도한다.
해석하고 표현하는 과정에 기여하기	• 다양한 양식의 정보를 관찰하고 해석한다. • 이사소통을 기반으로 느리적인 주문과 결론을 도출한다. • 쌍방향 이사소통 환경의 특징, 관례, 예절을 사용한다. • 다른 사람들을 위해 아이디어와 정보를 조사하고 표현한다. • 이사소통 결과에 대한 이해를 높이고자 개방적이고 명확하고 과해지는 질문을 한다.	• 다양한 분야의 이사소통 과정에 상호작용하는 구성원으로 기여한다. • 주상적인 시각자료를 해석해, 시각언어의 이해를 중진하고 도구를 효과적으로 사용하도록 하는 결과물(예: 디지털 스토리텔링)을 생산한다. • 적극적인 해석자로서 정보, 이전, 제안을 탐구하고 조사하며 명화로 한다. • 결과물에 관한 해석과 이해를 명화하게 전달한다.	• 분석·중합·평가 관련 고급 스킬을 발휘해 정보를 생산한다. • 타인을 이사소통의 적극적인 해석자로, 특히 서로 상호작용하는 상황에 참여시킨다. • 모든 이사소통 유형(문자, 구두, 비언어, 시각자료, 멀티미디어, 인포그래픽, 통계 등)을 비판적으로 해석해 의미와 타당성을 검토한다. • 매체, 맥락, 내포된 메시지에 대한 지식으로 결과물에 대한 해석과 이해를 전달한다.

의사소통(Communication)

수행영역	초급	중급	고급
제시된 메시지와 이야기를 비판적이고 미학적으로 분석하기	• 의사소통에 내포된 정서적인 메시지를 파악한다. • 구체적인 의사소통의 상황을 분석한다. • 시각 및 미디어 언어에 대한 이해를 증진하는 추상적인 시각자료와 혼합매체의 내용을 이해한다. • 우리가 접하는 메시지의 상대적인 중요성을 이해한다. • 많은 자료와 맥락에서 나온 결과물의 미적인 가치를 탐구한다.	• 의사소통의 출처를 판단하는 판점과 공감의식을 기운다. • 문화와 의사소통의 상호의존성을 이해한다. • 자신이 접한 의사소통에 내포된 메시지를 분석한다. • 강변하고도 좋은 메시지를 그저 수동적으로 받아들이기 보다는 이해하려고 애쓴다. • 미학적 지식과 감성에 기반한 의사소통 결과물의 가치를 평가한다. • 이미지에 대한 자신의 해석과 반응, 그런 반응의 배경을 파악한다.	• 디자인 요소와 기술의 효과를 확인하고 평가한다. • 의사소통 결과물의 질을 측정하는 데 면밀하고 통찰력 있는 기준을 적용한다. • 비판적이고 박식한 해석을 통해 사고력을 높인다. • 해석을 통한 통찰을 얻기 위해 비판력을 발휘한다. • 시각자료를 분석·해석해서, 매체의 기술과 작용이 청중에게 미치는 영향을 인식한다.
새로운 소통 형식으로 정보를 메시·결합·재사용하기	• 지식과 도구를 이용해 새로운 지식과 결과물을 만든다. • 창의성을 발휘해 정보와 매체와 정보를 결합한다. • 여러 양식에 걸쳐 매체 요소를 추가해가는 방식으로 용도에 맞게 고친다.	• 다양한 출처의 내용을 결합해서 의미와 이야기를 생성한다. • 요소들의 창의적인 혼합을 통해 독특한 시각을 발전시킨다. • 여러 양식에 걸쳐 매체 요소를 통합하는 방식으로 용도에 맞게 고친다.	• 자신이 상호작용하는 매체와 자료로 종합적인 사고(다양한 자료로 결과물을 효과적으로 만들기)를 한다. • 의미와 중요성이 공유된 요소를 통합해 청중과 청중과 연결한다.

창의적 사고(Creative Thinking)

수행영역	초급	중급	고급
논점의 맥락 이해하기	• 논점 또는 문제의 원인을 이해하려고 노력한다. • 맥락 또는 정보와 연관된 아이디어를 명확히 표현한다. • 다양한 관점을 고려하고 있음을 구체적으로 보여준다.	• 논점 또는 문제에서 분명한 요소와 불분명한 요소를 파악하려고 노력한다. • 상황에 맞게 반응을 조정한다. • 다른 관점들을 숙고하기 시작한다. • 개방형 문제를 맥락과 관련된 부분 요소로 나눈다.	• 맥락 내에서 아이디어의 윤리성, 유용성, 구체적인 적용 가능성을 이해하고 있음을 구체적으로 보여준다. • 다양한 관점을 적극 모색하고 개인적 판단이나 편견 없이 정보를 살펴본다. • 별개이면 맥락·정보, 아이디어, 경험 등을 연결한다. • 시간이 지남에 따라서 다양한 상황에 대해 새롭고 발전적인 반응을 명확히 표현한다. • 사고의 방식으로 아이디어 목록을 만든다.
융통성 있게 생각하기	• 새로운 것을 만들 때 개방성과 독창성을 발휘한다. • 문제에 관해 독특한 연관성을 만들고 다양한 해결책을 제시한다.	• 모든 가능성과 차이에 대해 생각함으로써 더 광범위하게 사고와 아이디어를 고려해 독창적인 결과물 생성을 이끌어낸다.	

창의적 사고(Creative Thinking)			
수행영역	초급	중급	고급
융통성 있게 생각하기	• 기존의 아이디어로 새 아이디어를 창출한다. • 독특하고 독창적이며 기발한 결과물을 만들기 위해 문제를 해결할 아이디어를 내고 실문한다. • 재료·지식·기술을 기존과 다르게 이용한다. • 아이디어를 생성하기 위해 확산적 사고를 한다.	• 관습에서 벗어난 생각을 공감하고 지지한다. • 기존의 생각이나 아이디어를 수용·개선·수정·확대해 새로운 것을 만든다. • 우연한 발견에서 자발적인 탐구를 자극받는다. • 주문으로 아이디어와 의미를 생성한다. • 창의적으로 사고하기 위해 분석 기법을 활용한다. • 이질적이거나 동떨어져 보이는 아이디어들을 비슷한 범주로 재구성한다. • 다양한 관점에서 바라보고 생각한다.	• 점차 높은 수준의 정교함을 보여주고, 한 아이디어가 다른 것보다 더 우수한 이유를 평가·토론할 수 있는 능력을 구체적으로 보여준다. • 발견·탐구·자발성을 따라 새로운 방향으로 나아간다. • 주문의 결과로 여러 가능성을 생성한다. • 관계없어 보이는 아이디어들 간의 연결성을 시각화하고, 참신하고 독창적이며 고유한, 그리고 잘 다듬어진 해결책을 독자적으로 만들어낸다. • 독창적인 사고로 다른 관점들을 통합한다.

어려운 상황에서도 성공하기			
	• 개인화된 프로젝트의 프레임워크 내에서 창의성을 발휘한다. • 새로운 현상에 대한 관심과 궁금증을 표현하고, 그러한 관심을 좇아 적극 추구하고 싶어 한다. • 애매성을 해결하거나 제거하려는 초기심과 열의를 나타낸다. • 자신에게 중요한 일에서 발생하는 작은 위험을 감수하기 시작한다. • 실수를 학습의 기회로 간주한다. • 딜레마에는 확실하거나 손쉬운 해결책이 없음을 이해한다.	• 환경의 새로운 요소에 긍정적으로 반응한다. • 발견·탐구·실험을 통해 뜻밖의 해법에 도달한다. • 이슈 내의 모호함을 인식하고, 함의로부터 추론하며, 논리적으로 추측할 수 있는 능력을 보여준다. • 애매성을 해소하기 위해 기꺼이 노력한다. • 애매성을 해소하기 위해 다양한 자원을 활용한다. • 새로운 것을 시도할 자유가 있기 때문에 좌절보다는 권한을 부여받았다고 느낀다. • 안전한 환경의 안전지대에서 벗어난다. • 애매한 상황에 자발적으로 대응한다.	• 실패할 가능성이 있더라도 확실한 해결책이 없는 도전적인 문제를 다룬다. • 위험과 도전에서 내적 동기를 얻는다. • 복잡성을 수용해서 창의적인 실제 조건으로 활용한다. • 상황에 따라 조건과 목표를 변경한다. • 어떤 문제는 인간의 조건 전반을 개선할 기회임을 인식한다. • 새로운 아이디어의 발전 및 탐구로 이어질 자발성과 독창성으로, 변동 가능하거나 불명확한 상황에 대응한다. • 애매한 의미에도 편안함을 느낀다. • 불명확함을 새로운 것을 창출하는 기회로 활용한다.

창의적 사고(Creative Thinking)

수행영역	초급	중급	고급
가능성 있는 설계나 혁신 처리하기	• 아이디어 실현에서 실현 가능성의 복잡성을 이해하기 시작한다. • 완성되기까지 아이디어를 시각화한다. • 아이디어의 완향 결과물을 만들고 테스트한다. • 해결책과 설계에서 의도한 결과와 의도하지 않은 결과를 탐구한다. • 현실세계에 적용된 아이디어를 파악한다.	• 아이디어, 해결책 또는 결과물의 실현 가능성을 분석한다. • 아이디어를 현실화하는 과정에서 겪을 장애물을 예측한다. • 모형·원형·시물레이션을 이용해 복잡한 시스템과 문제를 탐구하고 해결책이나 아이디어를 제안한다. • 독창적이고 정교한 결과물을 만들기 위해 독창성, 집중력, 완성에의 헌신, 그리고 인내심을 발휘한다.	• 정교한 아이디어를 위해 그것을 현실세계에서 실현하기 위해 여러 부분으로 나눈다. • 제약을 완화할 자원을 구한다. • 설정된 조건, 프레임워크 또는 구조 내에서 창의적인 방법을 이해한다. • 장애물을 극복하기 위해 예측하고 전략을 세운다. • 고도로 정교한 해결책, 아이디어 또는 결과물을 개발하기 위해 경험을 원형화하는 것으로부터 추정한다.

비판적 사고(Critical Thinking)

수행영역	초급	중급	고급
패턴으로 인식하고 작업하기	• 사물의 작동 원리와 그 이유에 대해 문제를 제기하고 질문한다. • 자연계와 인간세계 패턴을 인식한다. • 패턴에 대한 적용 가능한 관점을 한다. • 패턴을 탐구해서 의미를 도출한다.	• 패턴 전반에 걸쳐 유사점을 인식하고 일반화한다. • 패턴을 나타내는 세부사항·데이터·특징·프로세스를 파악한다. • 주어진 분류 스키마를 사용해 데이터·결과·이견을 분류하고 패턴을 찾는다. • 패턴을 기반으로 예측한다.	• 연구결과들에서 관련성이 있는 차이점·유사점·패턴을 파악한다. • 서로 다른 패턴들에서 유사점을 인식하고, 이를 설명할 원리를 설계한다. • 패턴을 파악하기 위해 추론하고 일반화한다. • 패턴을 이해하기 위해 범주나 차이를 만들어낸다.
각기 다른 상황에 맞게 다른 접근법 적용하기	• 비판적 사고를 촉진하는 데 모형과 시각적 표현을 활용한다. • 비판적 사고의 기본 요소와 접근법(연합, 비교, 분석, 평가, 설명, 간단한 추론과정 등)을 이해한다. • 맥락과 탐구에 가장 접맞은 비판적 접근법을 선택한다. • 한과목마다 서로 다른 방식으로 비판적 과제에 접근해가는 것을 이해한다.	• 더 많은 개방형 문제를 파악하고 그에 따라 접근법을 조정한다. • 불분명한 정보를 탐구하기 위해 창의적 사고 접근법을 적용한다. • 특정 시나리오에 적절한 학문적 사고를 적용한다. • 복잡한 모형·유추·시뮬레이션을 적절하게 활용한다. • 비판적 사고에 적절한 요소와 접근법(추론, 일반화, 타당성 검사 등)을 적용한다.	• 맥락과 문제를 좀 더 온전히 이해하기 위해 둘을 분리한다. • 관계없어 보이는 아이디어들을 복잡한 상황에서 연결해 그것들을 더 잘 이해한다. • 사고능력을 넓혀가거나 새로운 상황에 전이한다. • 특정한 맥락에 적용하기에 적절한 추론 접근법을 안다.

비판적 사고(Critical Thinking)

수행영역	초급	중급	고급
비판적인 사고 적용하기	• 행동을 유도하고 신중한 방식으로 문제를 해결하기 위해 관찰하고 조사한다. • 사실, 의견, 가치 진술을 구별한다. • 관련성이 없는 정보를 식별한다. • 무언가를 설명하는 데 도움이 되는 사례나 자이를 찾는다. • 관찰, 비교와 대조, 연역, 귀납, 추론을 한다. • 정보를 식별하고 적절한 범주(사실, 주론, 개념, 의견, 경험, 통계자료 등)로 정리한다. • 개인적인 경험·신념·편견이 비판적 사고에 영향을 미칠 수 있음을 이해한다.	• 자료를 요약할 때 사실과 해석을 구별한다. • 의미를 분석하고(해석) 중요성을 평가한다(비평적 분석). • 추론에서 중요한 가정을 파악한다. • 증거를 사용하고, 논리를 적용하고, 제시된 설명과 결론에 대해 노증한다. • 증거를 기반으로 의미 또는 중요성을 명확하게 표현한다. • 심리, 주장, 특징 유형의 분석, 추론을 사용한다. • 가정과 추론의 차이를 분간한다. • 개인적 경향·신념·편견이 비판적 표로세스에 미칠 수 있는 영향을 파악한다.	• 해석의 진술을 뒷받침해 자료가 보여주는 것을 분명히 설명한다. • 탐구를 통해 얻은 지식과 기존 지식체계의 연결에 근거한 증거 기반 설명을 구성한다. • 내용에 대한 깊은 이해를 특정으로 하는 주론을 도출한다. • 증거와 적절한 방법에 기반해 독자적인 해석을 발전시킨다. • 과제·고급 형식의 담화·논리적 주론의 작성에 다양한 비평적 접근법(포스트모더니즘, 마르크스주의 등)을 적용한다. • 논리 영역(귀납, 귀추, 연역 추론)에서 도출된 접근법을 사용한다.

| 결론을 도출하고, 패턴을 분명하게 표현하고 일반화 하기 | • 단순한 결론을 도출할 때 엄격한 절대주의나 지나치게 느슨한 상대주의를 적용하지 않는다.
• 일반화, 원칙, 법의 차이를 이해한다.
• 자신의 추론 과정을 최종 결론과 연결한다.
• 자신의 추론에 의문을 제기하고 허점을 찾는다. | • 몇몇 가능한 결론 중 어느 것이 가장 강력한 증거로 뒷받침 되느지, 또 어느 것을 받아들이지 않을지 결정한다.
• 정보 및 관찰과 그 해석 사이에서 명확하고 논리적인 연결관계를 반영한 결론을 도출한다.
• 결론에 이르는 자신의 주론을 확인하고 검토한다.
• 결론을 확장하거나 일반화해서 더 폭넓게 적용한다.
• 특정 입장을 효과적으로 전달하고 문서화하며 정당화할 수 있다. | • 주론이 논리적이고, 근거가 충분하며, 최상의 분석을 토대로 한 결론을 도출한다.
• 몇몇 가능한 결론 중 어느 것이 가장 강력한 증거로 보장 받는 뒷받침되는지, 또 어느 것을 받아들이지 않거나 덜 선호 받아들이는 것으로 여길지 결정한다.
• 주론 결과를 집중하고 증가와 분석 차원에서 주론을 정당화 한다.
• 자신의 관점을 복잡적이고 일관되게 노해서 설득력 있게 노중한다.
• 합의와 결과의 차이점을 이해 한다. |

문제해결(Problem Solving)

수행영역	초급	중급	고급
문제를 발견하고 기존 또는 잠재적 문제 파악하기	• 문제와 그것이 해결되어야 하는 이유를 확인한다. • 조사를 시작하고 문제를 해결할 목적으로 질문을 만들거나 주제 관련 문제를 파악한다. • 문제에 도움 되는 요소를 파악한다. • 이해할 수 있는 문제의 해결책을 찾기 위해 새로운 주제를 탐구한다.	• 범위와 필요성을 언급하고 문제를 확인한다. • 교실 밖 상황에서 가치 있는 연구 또는 아이디어 고안을 시작, 지속하기 위해 질문을 만든다. • 잠재적 문제를 파악하기 위해 다양한 문제를 단계를 시나리오를 따른다. • 문제의 기저에 있는 원인을 확인한다.	• 문제의 특성과 범위를 설득력 있게 정의하고, 그것이 해결되어야 하는 이유를 확립하며 문제를 진술한다. • 한 가지 이상의 방식으로 문제를 나타낸다. • 잠재적인 미래 문제를 밝히고 명료화하기 위해 복잡한 상황을 탐구한다. • 상황이 가치에 있는 역학을 확인하고, 작동하는 힘을 이해하기 위해 시스템적 사고를 적용한다.
탐구체계를 고안하고 탐구프로세스를 따르기	• 다양한 질문을 만들고 다듬어, 주제나 하과를 새롭게 이해하기 위한 검색의 틀을 구성하고, 안내를 위해 구조나 기준을 사용한다. • 정해진 전략을 기반으로 연구를 설계하고 수행한다.	• 쟁점, 주제 또는 초점 영역에 명확하게 근거한 질문을 만든다. • 연구를 안내하는 질문을 만들고 비판적 사고 스킬과 배경지식을 드러낸다. • 왜 특정 연구기법이 질문을 묻어 내는 데 중요한지 설명한다.	• 한 교과에 한정적인 또는 여러 교과에 걸친 복잡한 논의나 가설을 생성하는 질문을 만든다.

	•항상 첫 번째 답변을 수용하기보다는 계속 탐구하고 질문하는 것을 선호한다. •새로운 질문을 하며 탐구를 지속한다. •쟁점에 관해 알려진 요소와 알려지지 않은 요소를 파악한다. •쟁점 또는 주제를 이해하는 데 추가할 필요가 있는 정보를 확인한다.	•이해의 격차를 확인하고, 주제의 경계를 넘어(병행 사례 연구, 선례, 반대 시나리오 등) 넓고 철저하게 조사한다. •학문적 사고의 본질과 적용을 이해한다.	•수준 높은 비판적 사고 스킬과 풍부한 배경지식으로 드러내고, 더 많은 질문을 제기하거나 주제, 쟁점, 문제에 관한 아이디어에 관한 통찰을 제공하는 질문을 만든다. •탐구 프로세스를 안내하고 유지하는 데 교과 지식과 기능을 적용한다. •성공을 이루는 데 필요하다면 조점·질문·전략·입장을 변경하는 적응력을 발휘한다.
정보를 효과적이고 윤리적으로 관리하기	•교사가 제공한 출처, 자신의 관점과 연구에서 정보를 찾는다. •출처 신뢰도에 대한 기본적인 결정을 내린다. •정보를 연결하고 구성하는 몇 가지 방법 중 선택해서 상황에 가장 적합한 것을 사용할 수 있다. •증거를 확인하고 설명을 제공할 때의 장점과 강점과 약점을 판단한다.	•수집된 정보를 조사해 격차나 약점을 평가한다. •질문에 답하기 위해 수집된 정보와 증거를 종합한다. •정보를 이해하기 위해 구조화하고 전략을 이용한다. •자료 또는 정보를 요약할 때 사실과 해석을 구별한다. •증거에 근거한 정보의 이미 모든 중요성을 추론한다.	•오개념, 상반되는 정보, 편견, 관점을 식별함으로써 다양한 출처에서 수집된 정보를 해석한다. •탐구를 통해 수집된 지식을 기존의 지식체계로 종합한다. •한 가지 이상의 방법으로 정보를 관리하고 선택을 설명하며, 결정을 정당화한다. •정보를 보고하기보다 종합하고, 해석한다.

수행영역	문제해결(Problem Solving)		
	초급	중급	고급
정보를 효과적이고 윤리적으로 관리하기	• 자료와 정보의 사용과 인용을 윤리적으로 판단한다.	• 적절한 형식으로 정보를 얻는 데 사용되는 절차를 설명하고 정당화한다. • 다양한 출처와 관점에서 정보를 찾아보고, 자료와 정보를 독자적으로 선택함으로써 자신감과 자기주도력을 발휘한다. • 설정 기준을 사용해 질문에 답변하기 위해 정보의 가치와 관련성 측면에서 정보를 평가한다. • 지식 산물과 자원에 개입된 다양한 유형의 소유권 또는 라이선스를 이해하고 그에 따른다.	• 정보·지식·아이디어·결과물의 사용과 적절한 귀속에 대해 매우 윤리적인 접근법을 보여준다. • 지적 충실성을 보여준다.
계획이나 원형을 개발하고 테스트하기	• 그래픽과 실물로 아이디어와 해결책의 단순한 모형을 만든다. • 너무 뻔한 것을 넘어 해결책을 발견하고 이러한 해결책의 이점을 설명한다.	• 문제와 해결책의 맥락에서 가장 적절하고 실현 가능한 원형을 만든다. • 모형을 사용해 결론이나 해결책의 적합성을 설명한다.	• 해결책이나 결론을 적절하게 설명하는 원형을 설계한다. • 실체 모형, 작업 모형, 개념 모형, 사례연구, 시뮬레이션 등을 포함해 모형 제작에의 접근법을 준수한다.

	• 문제의 해결책을 개선하는 제안에 자신의 아이디어를 적용하고 연결한다.	• 피드백을 모을 계획을 세우고 청중에게 원형을 소개한다. • 피드백을 해석하고 설계를 적절하게 다듬느다.	• 다양한 전략과 도구를 사용해 문제를 모델링하고, 그것이 하나 이상의 수용 가능한 해결책을 가질 수 있음을 이해한다. • 성공에 영향을 미칠 여러 영역(기술, 경제, 문화 등)에 중점을 두어 해결책 또는 결론을 위한 여러 원형을 설계한다.
결론 도출하기	• 해결책이나 결론을 인데의 문제에 직접적으로 연결한다. • 결론이 어떻게 문제나 쟁점을 적절하게 다루는지 명확히 표현한다. • 주론·일반화·이견을 적절하게 활용한다. • 입장을 명확히 하고 문서화하며 정당화한다.	• 실행 가능한 대안의 우선순위를 객관적으로 고려해, 이를 토대로 근거가 중요한 결론을 개발한다. • 대안의 방법, 해결책 또는 전망을 고려한 다음, 대안을 선택하고 적절히 시도한다. • 결론을 도출할 때 다양하고 글로벌한 관점을 고려한다. • 다양한 네이터 자료를 분석하고 해석해서 결론을 도출한다. • 몇몇 정보원의 혼합을 적절하게 표현하는 지식 산물을 창출하고 참조된 것 외의 아이디어를 표현한다.	• 지식을 구성하고, 더 나은 결론을 내리거나 결론에 더 근자신 감을 가지는 쪽으로 이동한다. • 참고자료를 독특하게 혼합하고 확장하는 높은 수준의 창의성과 통찰력으로 지식 산물을 창출한다. • 결론이 시사점과 한계를 이도록, 모르는 이도지 못한 짓까지 예측한다. • 해결책에 내게되는 윤리적 쟁점을 확인한다.

문제해결(Problem Solving)

수행영역	초급	중급	고급
해결책과 결과물 전달하기	• 해결책에 도달하는 데 사용된 표로세스와 탐구과정에서 수집된 관련 결과물을 전달한다. • 청중에게 결론을 제시, 설명, 입증하고, 가능한 결과와 주가 조치를 탐구한다. • 쓰기·말하기·시각적 스킬을 사용해 새로운 지식이나 이해를 효과적으로 전달한다.	• 청중에게 적절한 방식으로 결과를 전달하고 결과물을 설명, 정당화한다. • 선택한 해결책으로 이끌어주는 주론과 프로세스를 명확하게 요약해 제공한다. • 자신의 생각이 어떻게 결과를 향상시켰는지에 대한 몇 가지 아이디어를 제공한다. • 강점과 약점에 주목하며, 공정한 방식으로 도달한 결론을 정당화한다. • 청중이 해결책에 대한 논리적 경로를 따라가도록 이끈다.	• 청중에게 가장 적절한 방식으로 결과·입장·해결책을 전달하고 선택을 설명, 정당화한다. • 해결책에서 다루는 문제나 쟁점에 대해 청중이 관심을 가지도록 이끈다. • 해결책을 명확하게 진술하고, 그것이 효과적이고 실행 가능하며 관련자들에게 수용 가능하고 대안보다 더 낫다는 것을 납득이 가도록 입증한다. • 해결책에 대한 가능성이 있는 반대·결론·결과를 예측하고 허용한다. • 해결책의 한계를 명확히 표현하고, 문제해결 접근법과 기준이 어떻게 다듬어질 수 있는지를 분명하게 나타내며, 시간이 지남에 따라 더 나은 해결책을 내고 더 큰 자신감을 갖는다. • 과제나 문제에 직면했을 때 사고하는 순서를 상세히 설명한다.

자기주도학습(Self-Directed Learning)

수행영역	초급	중급	고급
지난 수행과 진행 중인 수행 분석하기	• 습득한 학습전략을 명확히 이해한다. • 자신의 인지과정에 대한 인식을 보여준다. • 목표를 세우고 진행상황을 점검하며 필요에 따라 조정한다. • 과제에 대한 어려움을 설명한다. • 학습과정에서 성공과 관심이 필요한 영역을 확인한다. • 자신의 생각을 시각화한다. • 관련 있는 정보와 관련이 없는 정보를 구별한다. • 의미가 분명하지 않을 때 정보를 검토한다. • 자신의 학습유형과 효과적인 학습양식(청각, 시각 등)을 이해한다. • 과제를 완료하는 데 필요한 것을 분명하게 고쳐 말하고, 그것을 알려진 것과 비교한다.	• 목표 설정·모니터링·통제를 통해 인지과정을 조정한다. • 정보 이해도를 점검하고 이해력을 향상하기 위해 올바른 전략을 실행한다. • 목표 달성을 성찰한다. • 인지 및 대인 맥락에서 단계를 식별한다. • 과제의 성공을 스스로 정확하게 평가한다. • 학습을 보완하기 위해 강점을 사용한다. • 전략이 효과가 없을 때에는 변경한다. • 자신의 학습유형과 효과적인 학습양식(청각, 시각 등)을 사용한다. • 높은 수준의 자기관리를 구체적으로 보여준다. • 과제와 관련된 집행기능능력에 의식적으로 집중한다.	• 약점 영역을 개선할 전략을 개발한다. • 적용된 전략의 효과를 스스로 점검한다. • 정보 저장 및 인출 루틴을 최적화한다. • 주장과 같은 집행능력을 의식적으로 사용한다. • 학습한 전략을 까다로운 과제를 완료하는 데 이용한다. • 메타기억 접근법을 사용한다. • 과제를 완료하는 데 포함되는 장기의 여러 단계를 예측한다.

자기주도학습(Self-Directed Learning)

수행영역	초급	중급	고급
지난 수행과 진행 중인 수행 분석하기	• 학습효과를 높이기 위해 간단한 전략(스키마, 리허설 등)을 적용한다. • 과제를 완료하는 데 포함되는 단기의 여러 단계를 예측한다.	• 전문성이 부족할 때를 인지하고 그 격차를 메우기 위해 노력한다. • 과제를 완료하는 데 포함되는 중기의 여러 단계를 예측한다.	
피드백을 찾고 사용하기	• 다른 사람들과 잠재적인 전략을 토론한다. • 사고과정에 대한 피드백을 받기 위해 생각을 입 밖에 내어 말하기에 참여한다. • 어려운 과제에도 도움을 청한다. • 자문한다. • 다른 사람들과 함께 목표 설정과 계획을 확인한다.	• 동료들이 전략을 배우기 위해 그들과 상호작용한다. • 자신의 학습에서 특정 측면을 지원해줄 수 있는 사람을 확인한다. • 피드백을 토대로 사고과정을 조정한다.	• 피드백을 활용해 자신의 신념을 점검한다. • 다양한 출처에서 나온 피드백을 종합한다. • 피드백을 선별적으로 적용함으로 문제 해결과정을 최적화한다. • 다른 사람들에게서 관찰되는 전략을 조정해서 적용한다.
새로운 맥락에서 사고과정 조정하기	• 새로운 학습 도전의 필요성과 상황을 확인한다. • 새로운 학습과제에 접근할 때 구체적인 계획을 세운다.	• 과제에 가장 적절한 전략을 위해 서로 다른 여러 전략 가운데 선택한다.	• 새로운 문제에 관해 생각하고 이를 해결할 전략을 사용한다. • 새로운 정보가 자신의 사고에 미치는 영향력을 파악한다.

근본적인 믿음에 주의를 기울이기	• 개인 및 모둠의 맥락에서 상위인지적 인식을 보여준다. • 기대하는 목표에서부터 배워드로 작업하여 접근법과 전략을 파악한다.	• 고유한 환경에서 각자의 수행에 영향을 미치는 요인을 통제한다. • 맥락에 특화된 모형과 멘탈 오거나이저를 사용한다.	• 과제에 적합한 선언적이고 절차적이며 조건적인 지식을 적용한다. • 상위인지적 전략을 전 영역과 환경에 걸쳐 전이한다.
	• 하습에 능동적으로 참여하는 것을 보여준다. • 전략의 적용을 통해 하습자로서의 자신감이 증가하는 것을 보여준다. • 기억과 그 밖의 인지 과제와 관련해 자신의 강점과 약점을 인식한다. • 과제·목표·계획된 과정에 지속적으로 집중한다.	• 자신의 작업에서 성취감과 개인적 만족감을 표현한다. • 하습과제에서 자기주도성을 발휘한다. • 도전에 직면했을 때 성공할 수 있는 하습자로 자신을 인식한다. • 성공의 수단으로 상위인지 전략을 배울 의욕을 보인다. • 자신의 진행 과정을 구두로 확인한다.	• 하습자로서의 높은 수준의 자기유능감을 보여준다. • 도전을 하습자로서 성장할 기회로 본다. • 내적 동기를 보여준다. • 모든 하습과제의 완성에서 하습자로서의 능력을 향상시키기로 결심한다.

평가원칙
예시

학구, 학교, 부서에서는 각자의 상황에서 효과적인 평가원칙에 관한 공동의 이해와 합의를 협력적으로 도출해야 한다. 이를 통해 조직은 평가원칙을 가지고 견고한 공동의 기반 위에서 원칙에서 실천으로 가는 여정을 거칠 수 있다. 다음은 베이징국제학교에서 제공한 것을 토대로 한 평가원칙의 샘플로, 평가 목적이 분명하고 설계가 잘되었으며 학습에 목적을 두고 있다. 이 원칙은 교육과정 관계자와 교사 간의 협력과정을 통해 개발되었다.

목적의식

평가의 가장 큰 목적은 학생들이 지식과 스킬을 적용하고 전이함으로써 깊이 있게 이해함을 입증하는 것이다.

- 학생들이 명확한 이해의 증거를 보여주지 않고도 그들을 성공적으로 평가하는 것이 가능한가? 이것은 개별 평가에 적합한가?
- 깊이 있는 이해 없이 수행을 마칠 수 있는가?

- 특정 수행이 저조하다면, 그런데도 학생이 핵심 아이디어를 이해한 것일 수 있는가?
- 나의 평가 설계는 학생들에게 학습을 전이할 수 있는 새로운 맥락과 과제를 제시하는가?
- 단원을 학습하는 내내 학생들이 내용이나 스킬을 단지 알기만 할 뿐인지, 아니면 그것을 또렷한 목적을 갖고 적용하고 전이할 수 있는지를 평가할 기회가 있는가?
- 이러한 이해를 적용할 수 있는 현실적 과제 유형에는 무엇이 있는가?

평가데이터는 질적으로나 양적으로나 수업 실제에 정보를 제공하고 학생 저마다 잠재력을 발휘하도록 돕기 위해 분명한 목적 아래 사용된다.

- 학생들의 이해, 적용, 전이 수준을 보여줄 수 있는 정량적 증거 유형으로 내가 모을 수 있는 것은 무엇인가?
- 우리 팀은 질적인 수행데이터의 해석기준(일관된 적용도 함께)에 동의했는가?
- 특정 목표를 위한 양적 또는 질적 평가 설계의 적절한 적용을 결정했는가?

등급은 확립된 공동의 수행 성취기준과 연계되어 학생 학습을 명확하고 일관되게 나타내야 한다.

- 채점도구가 적절하고 명확한 기준으로 개발되어 학생의 결과물과 수행을 평가하는가?
- 우리는 단원이나 평가의 명시된 목표와 연계된 수행기준을 기반으로 강점과 약점을 지적할 수 있는가?
- 모든 수업에서 평가기준을 일관되게 적용할 방안이 마련되어 있는가?

평가는 학생 성장과 성취에 대하여 형성평가와 총괄평가의 측면을 모두 다룬다.

- 평가 기회가 단원 전체에 분포되어 있는가?
- 수업지도나 개별화 수업에서 요구되는 조정을 평가하기 위해 초기 평가데이터를 사용했는가?
- 이해도에 대한 빠른 확인을 하고 이어서 개별 학생들을 위해 그 격차를 채워줄 기회를 갖는가?

잘된 설계

강력한 평가에는 복잡한 과제가 포함되고, 학생들이 자신의 학습을 보여주는 방식에 있어서 개별화가 허용된다.

- 학습의 증거를 제공하기 위해 사용하는 적합한 평가과제가 다양하게 있는가?
- 각기 다른 학습자가 서로 다른 방법으로 자신의 학습을 증명할 수 있

는 방법이 있는가?
- 잠재적인 과제는 각기 다른 학습유형을 끌어들일 만큼 충분히 복잡하고 다양한가?

이해를 효과적으로 입증하려면 다양한 출처의 증거(한 장의 스냅사진이 아니라 사진앨범)가 필요하다.

- 학습의 증거를 제공하기 위해 다양하고도 적합한 평가과제가 사용되는가?
- 다양한 평가유형이 해당 단원 전반에 걸쳐 적절하게 분포하는가?
- 이러한 평가유형은 이해의 각기 다른 시연 또는 측면을 요구하는가?

평가는 확인된 학습목표와 수집하려는 증거의 긴밀한 연계를 반영해야 한다.

- 평가과제는, 본질적 질문을 제외하고 이해중심교육과정(Understanding by Design, UbD) 프레임워크 1단계(바라는 결과)의 모든 요소와 연계되어 있는가?
- 과제는 단원에 명시된 본질적 이해와 연계되어 있는가?
- 학생들이 그 과제를 성공적으로 마치려면 1단계에 열거된 지식과 스킬을 사용해야 하는가?

이 과제들은 선진적인 러닝21(Learning21, 베이징국제학교의 미래학습

모형) 스킬의 증명을 허용하고, 러닝21 스킬에 대한 피드백을 제공하기 위해 설계되었다.

- 이 과제를 성공적으로 수행한 학생들에게서 엿보이는 러닝21 스킬이 있다면 무엇인가?
- 그 스킬의 지표 중 관찰 가능하고 확인할 수 있는 지표로서 이 과제에 적합한 것은 무엇인가?
- 이 과제에 대한 성공 기준으로 이 지표들 중 일부를 포함할 수 있는가?
- 어떻게 하면 이들 지표의 시연을 가장 잘 담아낼 수 있는가?
- 입증된 러닝21 스킬의 수준과 관련해 또렷한 목적의 피드백을 어떻게 제공하고, 어떻게 성장을 지원할 수 있는가?

학습 중심

평가자는 실제적이고 통합적이고 상황에 맞는 수행을 통해 다양한 유형의 학습과 이해의 양상을 어디에서 어떻게 찾을지 파악한다.

- 실제적인 수행과제를 통해 자신이 이해한 것을 나타내도록 학생들에게 요청했는가?
- 평가를 설계할 때 이해의 적합한 측면들을 다루었는가?
- 수행과제의 설계에 영향을 미치기 위해 목표, 역할, 청중, 상황, 산물, 성취기준의 요소를 탐구했는가?
- 이 단원 또는 평가에서 어떤 유형의 학습을 평가하는가? 회상 또는

자동화? 구조적 학습?

- 이 과제는 학생들과 관련성이 있는가?

평가자는 기준을 확인하고 산물을 평가하는 데에 학생을 참여시킨다.

- 학생들은 초기부터 성공의 기준을 알고 있는가?
- 학생들에게 몇 가지 기준을 제안하게 하는 것이 유익한가?
- 또래 평가의 기회가 있는가?

평가 피드백은 학생의 목표 설정, 상위인지 자각, 학습과 성장의 동기부여에 결정적인 요소이다.

- 학생들은 자기평가를 하고 성찰하도록 격려받는가?
- 학생들이 자신의 진행 상황을 계속 추적할 수 있도록 이러한 평가 경험을 포함하는 방법이 있는가?
- 성공의 씨앗을 뿌릴 만큼 충분히 높은 참여수준을 보장할 방법이 있는가?
- 학생들이 자신의 학습과정을 관찰하고 논평할 기회가 있는가?

출처: International School of Beijing(2011)에서 응용, 허가받고 사용

참고자료

Bergmann, J., & Sams, A. (2012, April 15). How the flipped classroom is radically transforming learning. *The Daily Riff.* Accessed at www. thedailyriff.com /articles/how-the-flipped-classroom-is-radically-transforming-learning-536 .php on December 10, 2014.

Brandt, R. (1998). *Powerful learning.* Alexandria, VA: Association for Supervision and Curriculum Development.

Bransford, J. D., Brown, A. L., & Cocking, R. R. (Eds.). (2000). *How people learn: Brain, mind, experience, and school* (Expanded ed.). Washington, DC: National Academies Press.

Costa, A. L., & Kallick, B. (Eds.). (2000). *Assessing and reporting on habits of mind.* Alexandria, VA: Association for Supervision and Curriculum Development.

Costa, A. L., & Kallick, B. (Eds.). (2008). *Learning and leading with habits of mind: 16 essential characteristics for success.* Alexandria, VA: Association for Supervision and Curriculum Development.

Crawford, M., Galiatsos, S., & Lewis, A. C. (2011). *The 1.0 guidebook to LDC: Linking secondary core content to the Common Core State Standards.* New York: Literacy Design Collaborative.

Curtis, G. (2015). *What is a vision without impacts?* [Web log post]. Accessed at http://gregcurtis-consulting.ca/dir/blog/2015/06/04/what-is-learning -without-impacts on June 9, 2015.

Darling-Hammond, L. (2014). Testing to, and beyond, the Common Core. *Principal, January/February*, 8–12. Accessed at www.naesp.org/ sites/default /files/Darling-Hammond_JF14.pdf on January 19, 2015.

Darling-Hammond, L., & Falk, B. (2013). *Teacher learning through assessment: How student-performance assessments can support teacher learning.* Washington, DC: Center for American Progress. Accessed at http://cdn .americanprogress.org/wp-content/uploads/2013/09/ TeacherLearning .pdf on December 10, 2014.

DuFour, R., DuFour, R., & Eaker, R. (2008). *Revisiting professional learning communities at work: New insights for improving schools.* Bloomington, IN: Solution Tree Press.

e-Learning Industry. (2014). *What is the future of education? Infographic.* Accessed at http://elearninginfographics.com/what-is-the-future-of-education-inf ographic/ on May 6, 2015.

Goldberg, G., & Roswell, B. (1998, April). *Perception and practice: The impact of teachers' scoring experience on performance-based instruction and classroom assessment.* Paper presented at the Annual Meeting of the American Educational Research Association, San Diego, CA.

Hattie, J. (2009). *Visible learning: A synthesis of over 800 meta-analyses relating to achievement.* New York: Routledge.

Jacobs, H. H. (1997). *Mapping the big picture: Integrating curriculum and assessment K–12.* Alexandria, VA: Association for Supervision and Curriculum Development.

Jacobs, H. H. (Ed.). (2004). *Getting results with curriculum mapping.* Alexandria, VA: Association for Supervision and Curriculum Development.

Jacobs, H. H. (Ed.). (2010). *Curriculum 21: Essential education for a changing world.* Alexandria, VA: Association for Supervision and Curriculum Development.

Jacobs, H. H. (Ed.). (2014a). *Leading the new literacies.* Bloomington, IN: Solution Tree Press.

Jacobs, H. H. (Ed.). (2014b). *Mastering digital literacy.* Bloomington, IN: Solution Tree Press.

Jacobs, H. H. (Ed.). (2014c). *Mastering global literacy.* Bloomington, IN: Solution Tree Press.

Jacobs, H. H. (Ed.). (2014d). *Mastering media literacy.* Bloomington, IN: Solution Tree Press.

KnowledgeWorks. (2012). *KnowledgeWorks forecast 3.0: Recombinant education—Regenerating the learning ecosystem.* Accessed at http:// knowledgeworks.org/download/file/fid/793 on December 18, 2014.

KnowledgeWorks Foundation. (2006). *2006–2016 map of future forces affecting education.* Accessed at http://resources.knowledgeworks. org/map on December 10, 2014.

KnowledgeWorks Foundation. (2008). *2020 forecast: Creating the future of learning.* Accessed at www.knowledgeworks.org/sites/default/ files/2020-Forecast.pdf on December 10, 2014.

Literacy Design Collaborative. (2014). *LDC task template collection version 3.0.* Accessed at http://ldc.org/sites/default/files/ldc-resource-library-files/LDC%20Task%20Template%20Collection%20v3.%2012-1-14.pdf on June 9, 2015.

Marzano, R. J., Pickering, D. J., & McTighe, J. (1993). *Assessing student outcomes: Performance assessment using the dimensions of learning model.* Alexandria, VA: Association for Supervision and Curriculum Development.

Marzano, R. J., Pickering, D. J., & Pollock, J. E. (2001). *Classroom instruction that works: Research-based strategies for increasing student achievement.* Alexandria, VA: Association for Supervision and Curriculum Development.

McTighe, J. (2008). Making the most of professional learning communities. *The Learning Principal,* 3(8), 1, 4–7.

McTighe, J. (2013). *Core learning: Assessing what matters most.* Midvale, UT: School Improvement Network.

McTighe, J., & Lyman, F. T., Jr. (1988). Cueing thinking in the classroom: The promise of theory-embedded tools. *Educational Leadership,* 45(7), 18–24.

McTighe, J., & March, T. (2015). Choosing apps by design. *Educational Leadership,* 72(8), 36–41.

McTighe, J., & Seif, E. (2010). An implementation framework to support 21st century skills. In J. A. Bellanca & R. Brandt (Eds.), *21st century skills: Rethinking how students learn* (pp. 149–172). Bloomington, IN: Solution Tree Press.

McTighe, J., & Wiggins, G. (2013). *Essential questions: Opening doors to student understanding.* Alexandria, VA: Association for Supervision and Curriculum Development.

Miller, A. (2012, February 24). *Five best practices for the flipped classroom* [Web log post]. Accessed at www.edutopia.org/blog/flipped-classroom-best-practices -andrew-miller on December 10, 2014.

Milton, J. (2005). *Who was Ronald Reagan?* New York: Grosset & Dunlap.

Montgomery County Public Schools. (2013). *Learning for the future: A parent's guide to kindergarten curriculum 2.0.* Accessed at http://205.222.0.20/uploade dFiles/curriculum/elementary/parent-guide-traditional-kindergarten-en.pdf on December 4, 2014.

National Governors Association Center for Best Practices & Council of Chief State School Officers. (2010a). *Common Core State Standards for English language arts and literacy in history/social studies, science, and technical subjects.* Washington, DC: Authors. Accessed at www. corestandards.org/assets /CCSSI_ELA%20Standards.pdf on December 10, 2014.

National Governors Association Center for Best Practices & Council of Chief State School Officers. (2010b). *Common Core State Standards for mathematics.* Washington, DC: Authors. Accessed at www. corestandards.org/assets /CCSSI_Math%20Standards.pdf on December 10, 2014.

National Research Council. (2012). *Education for life and work: Developing transferable knowledge and skills in the 21st century.* Washington, DC: National Academies Press.

Newmann, F., Bryk, A., & Nagaoka, J. (2001). *Authentic intellectual work and standardized tests: Conflict or coexistence?* Chicago: Consortium on Chicago School Research.

NGSS Lead States. (2013). *Next Generation Science Standards: For states, by states.* Washington, DC: National Academies Press. Accessed at www .dseducationfoundation.org/documents/2013/08/nexgen-dev-2.pdf on January 19, 2015.

Partnership for 21st Century Skills. (2007). *Assessment of 21st century skills.* Accessed at www.p21.org/storage/documents/Assessment092806.pdf on December 10, 2014.

Partnership for 21st Century Skills. (2009). *P21 framework definitions.* Washington, DC: Author. Accessed at www.p21.org/storage/

documents/P21_Framework_Definitions.pdf on December 10, 2014.

Tokuhama-Espinosa, T. (2010). *The new science of teaching and learning: Using the best of mind, brain, and education science in the classroom.* New York: Teachers College Press.

Tomlinson, C. A., & McTighe, J. (2006). *Integrating differentiated instruction and understanding by design: Connecting content and kids.* Alexandria, VA: Association for Supervision and Curriculum Development.

Tyler, R. W. (1949). *Basic principles of curriculum and instruction.* Chicago: University of Chicago Press.

University of Pennsylvania. (n.d.). *The GRIT survey* [Web survey]. Accessed at https://sasupenn.qualtrics.com/SE/?SID=SV_06f6QSOS2pZW9qR on December 10, 2014.

Wack, P. (1985). Scenarios: Uncharted waters ahead. *Harvard Business Review.* Accessed at https://hbr.org/1985/09/scenarios-uncharted-waters-ahead on June 9, 2015.

Wiggins, G., & McTighe, J. (2005). *Understanding by design* (Expanded 2nd ed.). Alexandria, VA: Association for Supervision and Curriculum Development.

Wiggins, G., & McTighe, J. (2007). *Schooling by design: Mission, action, and achievement.* Alexandria, VA: Association for Supervision and Curriculum Development.

Wiggins, G., & McTighe, J. (2011). *The understanding by design guide to creating high-quality units.* Alexandria, VA: Association for Supervision and Curriculum Development.

Wiggins, G., & McTighe, J. (2012). *The understanding by design guide to advanced concepts in creating and reviewing units.* Alexandria, VA: Association for Supervision and Curriculum Development.

Wiliam, D. (2007/2008). Changing classroom practice. *Educational Leadership, 65*(4), 36–42.

Willis, J. (2006). *Research-based strategies to ignite student learning: Insights from a neurologist and classroom teacher.* Alexandria, VA: Association for Supervision and Curriculum Development.

Zmuda, A., Curtis, G., & Ullman, D. (2015). *Learning personalized: The evolution of the contemporary classroom.* San Francisco: Jossey-Bass.

도표와 표 목록

도표

표

찾아보기

학교,
이렇게 바꾼다

학교교육 재설계 프로세스

2020년 04월 28일 | 초판 1쇄 발행
2021년 01월 11일 | 초판 2쇄 발행

지은이 제이 맥타이, 그레그 커티스
옮긴이 강현석, 조인숙

펴낸이 이찬승
펴낸곳 교육을바꾸는책

편집·마케팅 고명희, 송경희, 서이슬
제작 류제양
디자인 이수정

출판등록 2012년 04월 10일 | 제313-2012-114호
주소 서울시 마포구 동교로 18길 20 자운빌딩 3층

홈페이지 http://21erick.org
이메일 gyobasa@21erick.org
포스트 post.naver.com/gyobasa_book
유튜브 youtube.com/gyobasa
인스타그램 instagram.com/gyobasa

전화 02-320-3600
팩스 02-320-3608

ISBN 978-89-977240-4-8 93370

이 도서의 국립중앙도서관 출판예정도서목록(CIP)은 서지정보유통지원시스템
홈페이지(http://seoji.nl.go.kr)와 국가자료종합목록 구축시스템(http://kolis-net.nl.go.kr)에서
이용하실 수 있습니다. (CIP제어번호: CIP2020016437)